홍월샘과 예진샘의 '성장하는 교실' 이야기

신학기가 두렵지 않은

차근차근 학급경영

홍월샘과 예진샘의 '성장하는' 교실 이야기

신학기가 두렵지 않은 **차근차근 학급경영**

초판 1쇄 펴낸날 | 2019년 2월 25일
초판 8쇄 펴낸날 | 2023년 5월 31일

지은이 | 장홍월 주예진
펴낸이 | 홍지연
펴낸곳 | (주)우리학교

편집 | 홍소연 고영완 이태화 전희선 조어진 서경민
디자인 & 아트디렉팅 | 책은우주다
디자인 | 권수아 박태연 박해연
마케팅 | 강점원 최은 신종연 김신애
경영지원 | 정상희 곽해림

출판등록 | 제313-2009-26호(2009년 1월 5일)
주소 | 04029 서울시 마포구 동교로12안길 8
전화 | 02-6012-6094
팩스 | 02-6012-6092
이메일 | www.woorischool.co.kr
이메일 | woorischool@naver.com

ISBN 979-11-87050-86-5 03370

신학기가
두렵지 않은

차근차근

학급경영

장홍월·주예진 지음

우리학교

성장하는 한 해 만들기 기본편

2월

- 담임 철학을 반영한 연간 학급경영 계획
- 교실 환경 확인
- 3월 좌석표 작성
- 학급 생활 안내문 작성
- 담임 소개 준비

3월

- 교실 공간 구성 및 관리
- 학생 이름 외우기
- 학생 학부모 연락처 수집
- 1학기 학급 대표 선출 준비
- 학급 규칙 제정
- 1인 1역 및 청소 역할 분담
- 학생 상담 자료 수집
- 학급 임원단 구성

4월

- 학생 및 학부모 상담
- 학생 교우 관계 파악
- 학교 폭력 예방 교육 연계
- 학급 규칙 게시 및 확인

5월

- 소풍/수련회/수학여행 활동 지원
- 어버이날 맞이 프로그램 구성 및 운영

6월

- 체육대회 활동 지원
- 진로 희망 조사

7~8월

- 학급 규칙 점검 및 재구성
- 학생 창체 활동(동아리, 봉사) 점검
- 1학기 학급 활동 점검
- 2학기 학급 대표 선출 준비
- 1학기 학교생활기록부 작성
- 여름방학 계획 지원
- 1인 1역 및 청소 등 역할 분담 점검 및 보완

9월

- 1인 1역 및 청소 역할 분담
- 학생 및 학부모 상담
- 학생 교우 관계 파악
- 학교 폭력 예방 교육 연계

10월

- 학급 행사 계획

11월

- 학생 창체 활동(동아리, 봉사) 점검 및 확인
- 학교 축제 및 전시회 지원

12월

- 학급 마무리 활동 운영
- 2학기 학교생활기록부 작성
- 겨울방학 계획 지원
- 1인 1역 활동 성찰

1~2월

- 종업식/졸업식 준비
- 학교생활기록부 최종 점검 및 마무리

성장하는 한 해 만들기 응용편

2월

- 학급 온라인 공간 만들기
- 학급 운영비 사용 방안 계획
- 동 학년 담임교사 협의회 구성
- 학생 자료 수집용 파일 작성

3월

- 모둠짱과 모둠 활동 준비
- 학급일지·기록장 준비 및 작성
- 온라인 기록 작성
- 우리 반만의 조회·종례 구상
- 우리 반만의 조회·종례 운영
- 정기적인 담임 편지 발송

4월

- 교사 벌점제 운영
- 학습활동 지원(중간고사 대비)
- 학급 의견함 운영
- 학급 회의 정례화

5월

- 소풍/수련회/수학여행 활동 시 학급 활동 구성
- 스승의 날 맞이 학급 야외 활동 구성 및 운영

6월

- 체육대회 활동 시 학급 활동 구성
- 진로·진학 상담
- 진로·진학 연계 프로그램 구성 및 운영

7~8월

- 학습활동 지원(기말고사 대비)
- 여름방학 학급 활동 구성 및 운영

9월

- 학습활동 지원(중간고사 대비)
- 학급 행사 운영 준비
- 학급 환경 재구성

10월

- 교외(당일) 학급 행사 운영
- 교외(1박) 학급 행사 운영

11월

- 학습활동 지원(기말고사 대비)
- 진로·진학 상담
- 학생 독서 활동 점검 및 확인

12월

- 학교 축제 학급 활동 구성
- 학년 말 기록물 정리(문집 및 영상 등)

1~2월

- 종업식/졸업식 학급 활동 구성

프롤로그

일 년의 항해를 시작하는 모든 담임에게

당신은 지금 인생이라는 바다를 항해 중이다. 이따금 심한 멀미를 겪을 때가 있다. 인생의 멀미를 멎게 하는 자신만의 비법이 있는가? 다음 중 가장 확실하고 효과적인 방법은 무엇이라고 생각하는가?

① 멀미가 날 때마다 멀미약을 먹는다.

② 육지가 나타나기만을 고대하며 상상한다.

③ 멀미를 일으키는 바다를 원망하며 울부짖고 한탄한다.

모두 일시적인 방편일 뿐 멀미를 근본적으로 멎게 할 수 없다.

학교를 잘 모르는 많은 사람은 '교사'라는 직업을 부러워한다. 그러나 정작 자신이 부러움을 살 만큼 행복하다고 느끼는 교사는 드물다. 지난 십여 년간 다양한 교사 연수를 통해 많은 교사를 만날 수 있었다. 소감을 한마디로 말하자면 '안타까움'이다. 무력감과 권태감에 빠진 교사들이 의외로 많았고, 심각한 우울증을 앓는 교사도 더러 있었다. 그 이유의 상당 부분은 학생들을 통제하지 못하는 데에서 오는 자괴감 때문이었다. 교직 초년생들이나 학교를 오래 떠나 있던 복직 교사들에게 좌절과 분노는 피하기 힘든 숙명이다.

교사들은 대부분 임용 고시의 높은 벽을 넘었다는 자부심과 안도감으로 현장에 필요한 소양과 기술을 준비하지 않은 채 교직에 들어선다. 학생과 학부모에게 된서리를 맞기 일쑤이며, 아무도 가르쳐 주지 않고 해내라는 업무들이 연일 정신없이 쏟아진다. 한마디로 내가 상상했던 학교가 아니다. 임용 고시 합격은 수업이나 담임교사의 역할을 감당할 수 있는 역량, 즉 교사 전문성과는 아무 상관이 없다는 사실을 알기까지는 한 달이 채 걸리지 않는다.

이렇듯 교육학책으로 익힌 이론과는 너무도 다른 학교 현실에서 교사들은 깊은 상처를 입고 쉽게 좌절한다. 교사로서 행복하지 못한 까닭이야 여러 가지가 있겠지만 담임을 맡으면서 겪는 좌절이나 스트레스가 그 이유 중 하나인 것은 분명하다.

학급경영은 단지 관리가 아니라 정서적·기술적 노력이 필요한 배움의 영역이다. 더불어 아이들의 개인적·집단적·발달 시기적 특성을 현실적으로 이해하고 받아들일 준비가 필요하다. 이러한 자각과 준비가 없다면 행복한 담임은 이룰 수 없는 꿈이다. 교사가 학생들의 불순한 태도나 반항 앞에서 자신의 무능함을 탓하며 교직 적성을 의심하거나 학생에 대한 원망과 투사로 하루하루를 보내고 있다면, 이미 그곳은 교육의 공간이 아니다. 그 교실에 '교육'이 들어설 여지란 없다.

학생을 사랑하는 일에도, 스스로 행복한 교사가 되는 일에도 기술이 필요하다. 아이들 안에 내재한 자발성을 건드리고 스스로 성장하도록 돕는 교육적 기술, 바로 'Tect(Technic+Art)'이다. 아이들을 파블로프의 개처럼 훈련하는 기술이 아니라 저변에 교육적 고려와 배려가 깔린 기술을 의미한다. Tect의 결과는 학생의 적극적인 참여 또는 학습자의 성장으로 나타나며, 교사의 희생이나 헌신을 전제로 하지 않는다.

담임교사에게 가장 필요한 덕목을 꼽으라면, '여유와 믿음'이다. '여유'는 아이들이 순수하지 않다는 사실을, 다만 교사의 가치관과 다가가는 방식에 따라 무궁무진하게 변화할 수 있는 존재라는 사실을 아는 데에서 출발한다. 그리고 '믿음'은 '담임이란 누구이며, 어떻게 존재해야 하는가?'를 끊임없이 자문하는 자기 성찰 속에서 생겨난다.

한편 평화롭고 행복한 교실은 혼자서 만들 수 있는 것이 아니다. 교사의 상처에 아무도 관심이 없는 학교, 어떤 교사로 살 것인가의 문제가 오직 교사 개인의 의지와 자원에 의해 결정될 뿐 초임 교사를 존재감과 자존감을 지닌 한 사람의 교사로 성장하도록 돕는 시스템이 없는 학교는 슬프다. '아이 하나 키우는 데 온 마을이 필요하다.'라는 속담처럼 한 사람의 교사를 키우기 위해 온 학교가 필요한 일인지도 모른다.

이 책은 일 년이라는 긴 시간의 항해에서 담임교사가 맞닥뜨릴 다양한 멀미에 대한 예방접종 혹은 처방전의 성격을 띠고 있다. 교사로서의 행복을 만들어 가는 구체적이고 실제적인 방법론을 Tect 중심으로 다루되, 공동체 문화가 사라진 오늘날의 파편화된 학교 속에서 '공감과 위안의 상생을 위한 노력이 자연스레 작동하는 공동체의 회복'에 관심을 기울인다. 동료 교사 간이나 학생과 교사 간에 공동체를 만들어 가는 것은 충분히 실현할 수 있는 일임을, 그 속에서 교사와 아이들이 각기 어떻게 성장해 가는지를 확인하게 될 것이다. 학급 내에서 일어나는 변화를 경험하는 과정에서 교사의 자존감도 따라 높아질 것이다.

자신의 직업으로 행복하게 나이 들어가는 것은 만만한 일이 아니다. 그것은 교사의 존재 이유에 대한 성찰과 실천의 길을 멈춤 없이 걷다 보면 어느 순간 쏟아지는 축복 같은 일이다.

함께 떠나는 여정이 설렘과 정보를 얻는 데 그치지 않고 가끔은 송곳에 찔린 듯 아픈 여행이 되었으면 좋겠다. 필자들이 그러했듯이 독자들 역시 타인의 학급에 현미경을 들이대는 경험 속에서 자신을 마주하고, 부단한 관찰과 그때마다 느끼는 통증을 견디면서 비로소 자기만의 길을 발견하게 될 것이다. 새 학기를 맞거나 혹은 문득 길을 잃었을 때 이 책이 상처받지 않고 행복한 담임으로 서게 하는 나침반이 되어 줄 것이라 믿는다.

장홍월 · 주예진

차례

2부 소통으로 발걸음을 맞추다

3부 마음을 나누고 서로의 디딤돌이 되다

4부 갈등을 딛고 성장하다

1 아이들과 함께 겪는 성장통

2 일상에서 찾는 관계의 실마리

3 평화와 협력을 배우는 학급

5부 학부모, 교사와 손을 맞잡고 성장하다

1 학부모와 건강한 관계 맺기

2 담임 편지, 학부모가 달라졌어요

3 학부모와 교감하는 학급 행사

6부 담임의 길을 함께 걷다

1부

첫걸음을 함께 내딛다

한 해 동안 내 반이 될 아이들의 명렬표를 받아 드는 2월이면, 담임교사들은 만감이 교차한다. 가슴 한편에 기대감과 설렘도 없지는 않지만 심란함이 더 큰 게 솔직한 심정이다. 첫발을 어떤 아이들과 내딛게 될 것인가는 모든 교사에게 두근거리고 두려운 일이다. 소문난 말썽꾸러기가 있다면 걱정이 앞서고, 혹여 왕따라도 당한 아이 이름이 보일라치면 안타까움과 불안이 뒤섞인다. 똘똘하고 말귀를 잘 알아듣지만 학부모의 요구가 끊이지 않는 아이가 눈에 띈다면 두려움이 앞선다. 이 아이들과 살아갈 날들에 어떠한 난관과 고난이 기다리고 있을지 알 수 없다. 이제 막 교직 생활을 시작하는 신규 교사들이라면 설렘과 두려움은 증폭된다.

아이들의 이름을 하나하나 소리 내어 읽어 본다. 아이들의 이름이 입에 잘 붙지 않는다. 그러나 그 이름들을 천천히 되뇌면서 가슴에 하나씩 담는다. 지금까지 이 아이들의 학교생활이 어떠했든지 간에 새로운 마음과 모습으로 편견 없이 만나리라 다짐하며 3월 첫날을 기다린다.

아이들에게 교실은 가정을 떠나 본격적으로 마주하는 첫 세상이다. 교실에서 만나는 선생님과 친구들은 인간관계를 맺고 배우는 시작이요, 교실에서 겪는 일은 세상을 경험하는 단서가 된다. 아이들이 세상을 배우는 시작점인 교실에서 일상을 함께하는 담임교사의 역할은 무엇일까?

담임교사라는 일이 어려운 이유는 일 년이라는 긴 시간 동안 서른여 명의 학생을 학급 전체 단위는 물론, 학생 개별 혹은 무리별 특성을 고려하여 다양한 측면에서 지켜봐야 한다는 데 있다. 담임교사는 아이들의 경제적·정서적 환경을 비롯해 교우 관계, 학습 태도, 생활 습관 등 학생과 관련되는 모든 일을 알아야 하는 책임감을 짊어진다. 이는 결코 쉬운 일이 아니다. 특히 담임교사가 모든 시간을 함께할 수 없는 중등학교에서 학생들을 온전하게 파악하기란 여간 힘든 일이 아니다.

그러므로 학기 초에 학생들 사이의 관계, 교사와 학생의 관계, 학부모와의 관계에 대한 고리를 잘 만들어 놓아야 한다. 학기 초 교실 내에 공감적 학급 분위기가 형성되면 담임교사 혼자서는 채우기 힘든 많은 구멍을 자연스레 메울 수 있기 때문이다.

1부에서는 학기 초부터 안정감 있는 교실을 만들고 공동체 감수성을 다지기 시작하는 데 도움이 될 다양한 노하우를 소개한다.

1

함께 그리는 첫 스케치

2월, 떨림으로 준비하는 첫 만남

담임교사가 학생을 만나는 일은 반복되는 일상이므로 그 역할이 눈에 띄지 않는다고 생각하기 쉽다. 하지만 숨 쉬듯 매일 맞닥뜨리는 관계이기에 오히려 담임교사의 역할은 학생에게 지속적인 영향을 미친다. 따라서 담임교사는 자기만의 교육철학을 뚜렷이 세우고 교육 활동을 전개해야 한다. 가장 중요한 것은 일 년 동안 어떤 모습으로 학생들과 함께 살아갈지 고민하는 일이다.

'나는 어떤 담임으로 살고 싶은가?'

이 질문은 '일 년간 학급에서 나와 함께할 학생들이 어떤 사람으로 성장하도록 돕고 싶은가?'와 같은 말이다. 성장의 한가운데에 놓인 학생들에게 일 년간 함께하는 '담임교사'의 모습과 일 년간 완성한 습관은 삶의 한 결로 남는다. 그 결의 의미는 담임교사가 어떤 철학으로 어떤 학급 활동을 하며 학생들과 관계를 맺느냐에 따라 결정된다. 무수히 많은 결 중 하나일 뿐이라도 좀 더 의미 있는 결을 남기고 싶다는 게 모든 담임교사의 바람일 것이다.

대부분 담임교사의 역할은 3월부터 시작한다고 생각한다. 그러나 실상 담임교사는 2월부터 기지개를 켜야 하는 법이다. 2월, 학생들을 만날 준비를 어떻게 해야 할까?

1) 학생들과 함께할 교실 둘러보기

3월 첫날 준비되지 않은 환경에서 아이들을 만나고 싶지 않다면, 앞으로 맡게 될 교실을 미리 둘러보도록 한다. 책걸상 수가 부족하지는 않은지, 전선이나 코드가 노출되어 있는 등 위험 요소는 없는지, 청소 상태나 학급 물품 상태는 양호한지 등을 점검한다. 더 필요한 물품은 목록을 정리해 학교에 요청하거나 학급 활동비로 구비해 둔다. 그 외 교실에 필요한 게시물과 물품은 3월 첫 주에 학생들과 함께 청소하며 확인한다.

2) 3월 좌석 배치 준비하기

3월 한 달간은 출석 번호순으로 자리를 정한다. 각 책상과 의자에 학번과 이름표를 붙이고, 교탁 위에는 좌석 배치도를 붙인다. 학생들과 좌석 배치 방식을 협의하기 전까지 무난하게 사용할 만한 방법이다. 담임교사나 교과 담당 교사가 학생들의 이름과 얼굴, 특징을 빠르게 익힐 수 있기 때문이다.

단, 학생들에게 자리 배치에 대해 조정을 요청할 기회를 줄 필요가 있다. 예를 들어 시력이 나쁜 학생이나 친구 관계로 고민하는 학생, 도움 반 학생 등이 이에 해당한다. 학급의 모든 일은 타당한 근거를 들어 요청한다면 충분히 조정할 수 있다는 사실을 학생들과 공유한다.

3) 사물함 배정하기

개학일부터 학생들이 바로 사용할 수 있도록 사물함을 미리 배정한다. 이때 각 학생의 학번, 이름과 함께 '떨림·끌림·울림이 있는 ○반', '함께 배우고 함께 성장하는 ○반'과 같이 좋은 글귀를 써 붙이

우리 반 학급을 표현하는 사물함 이름표

면 여러모로 좋다. 개학일부터 학생들이 사물함을 바로 사용할 수 있을 뿐만 아니라 교실이 새로운 반에 맞춰 변화되었다는 느낌을 준다. 무엇보다 이때 학생들이 느낄 '준비된 담임'이라는 첫인상은 이후 담임교사에 대한 태도를 결정짓는다.

물론 학생마다 선호하는 사물함의 위치가 있으므로 추후 약간의 조정이 따르지만 처음 한 달 정도는 출석 번호순으로 배정하는 게 무난하다.

4) 3월 첫 만남 준비하기

개학일에 첫인사와 함께 학생들에게 나눠 줄 학급 생활 안내문을 준비한다. '○학년 ○반 학급 생활 안내'라는 안내문에 간단한 담임교사 소개, 일 년간 함께 나누고자 하는 가치, 담임교사가 중요하게 생각하는 학교·학급 생활 규칙, 학급 생활에 기본적으로 필요한 준비물, 담임교사가 학생·학부모와 자료를 공유할 온·오프라인 공간 소개 등을 정리해 담는다.

또 학생들이 직접 쓸 자기소개서 양식과 학부모가 담임교사에게 전하는 자녀 소개서 양식, 연락처를 공유하는 쪽지나 파일 등 학생 기초 자료를 모을 준비를 한다.

학생의, 학생에 의한, 학생을 위한 학급 대표 선출

학급 대표를 뽑을 때마다 담임교사는 고민이 이만저만이 아니다. 무조건 추천하라고 하면 학생들은 장난스럽게 아무나 추천하거나 심지어는 자신들이 힘을 행사하기에 만만한 친구를 뽑으려고 하기도 한다. 기껏 다른 친구들이 추천한 학생이 후보 사퇴를 하겠다는 말로 담임교사의 기운을 뺄 때도 있다.

학급 친구들이 대표를 맡은 학생을 어떻게 인식하는지에 따라 학급 분위기가 좌우되기 쉽다. 담임교사를 도와 공동체 감수성을 띤 학급을 만드는 데 큰 몫을 하는 대표가 있는가 하면, 도리어 학급 질서를 무너뜨리고 담임교사의 존재를 무력화하는 대표도 있다. 특히 담임교사가 계속 머물지 않는 중등학교 교실에서는 학급 대표가 분위기 형성에 큰 영향을 미친다. 어떻게 하면 학급 구성원이 신뢰하고, 학생들 스스로 긍정적인 학급 분위기를 만드는 데 도움되는 대표를 뽑을 수 있을까?

1) 함께 만들고 싶은 학급 분위기 생각하기

학급 대표를 뽑기 전에 학생들에게 긍정적인 학급 분위기를 만들려면 함께 노력해야 한다는 사실을 강조한다. 서로가 서로에게 좋은 기운을 나눌 필요를 느끼도록 생각거리를 던지는 것이다.

“일 년 동안 함께 만들고 싶은 우리 반은 어떤 모습일까? 같이 지내는 동안 우리 마음속에 새겨야 할 말을 함께 이야기해 보자!"

"서로 '정직'하고, '배려'하고, '청결'하고, '약속'을 지키는 반을 만들려면 누가 어떻게 노력해야 할까?"

좋은 학급 분위기를 만드는 데 필요한 노력은 쉽고 단순하지만 같이해야 한다는 사실을 공유하는 것이 중요하다. 담임교사와 학급 구성원 모두가 우리 반만의 의미 있는 가치를 찾고 확인하면서 노력하기로 다짐한다.

2) 바람직한 학급 대표에 대해 고민하기

학생들에게 수업이나 점심시간, 청소 시간 등 일과 중에 반 친구를 두루 관찰하라고 당부한다.

"청소면 청소, 공부면 공부, 누가 보든 안 보든 제 할 일을 묵묵히 하고, 자기 것을 나눌 줄 알고, 배려할 줄 아는 사람을 찾아보자! 같은 또래인데도 존경할 만해서 회장이 된다면 기꺼이 따르고 싶은 친구를 찾는 거야. 알겠지?"

3) 추천 실명제로 책임 있는 한 표 행사

학급 대표 선거일 전날, 아침 조회 시간에 미리 준비한 추천 용지를 한 장씩 나눠 준다. 추천 실명제로 모든 학생이 각자 한 명씩 추천하는 후보를 적어 내게 한다. 후보의 성실성과 배려심 여부, 후보에 대한 존경심 여부를 기준으로 구체적인 추천 사유를 세 가지 이상 적는 것이다. 이처럼 사유를 자세히 쓰게 하면 장난스럽게 아무나 추천하는 일을 막을 수 있다. 학생들의 눈은 교사의 생각보다 훨씬 정확해서 친구의 특성을 비롯해 여러 측면을 고려한 추천이 이어진다. 그중 가장 많은 표를 얻은 다섯 명을 정·부회장 후보로 결정한다.

■ **학급 대표 추천서**

학번 (   )   이름 (   )

예쁜 ○학년 ○반 ○학기 학급 정·부회장 후보로 ____________ 을(를) 추천합니다.

- 추천 이유(구체적으로)

1. ____

2. ____

3. ____

종례 시간에 후보들에게 "단 한 명의 친구에게라도 존경과 신뢰를 받는 것은 대단한 일이야."라거나 "후보가 되었다는 것만으로도 학급 생활을 잘하고 있다는 증거야."라는 칭찬을 들려준다. 공개적으로 칭찬받고도 후보에서 사퇴하겠다는 학생은 거의 없다.

후보 다섯 명에게는 다음 날 있을 후보자 소견 발표를 구체적인 공약을 넣어 5분 이내로 준비해 오라고 일러둔다. 그러면 후보 학생 대부분이 발표를 성실하게 준비해 온다.

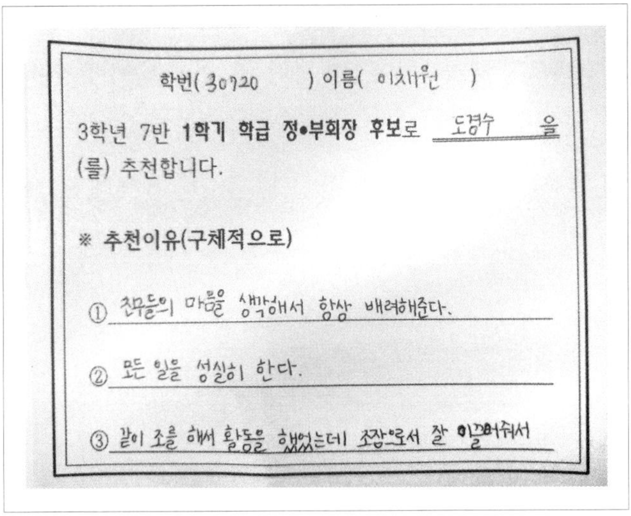
학번(30720) 이름(이채원)

3학년 7반 **1학기 학급 정•부회장 후보**로 도경수 을(를) 추천합니다.

※ 추천이유(구체적으로)

① 친구들의 마음을 생각해서 항상 배려해준다.

② 모든 일을 성실히 한다.

③ 같이 조를 해서 활동을 했었는데 조장으로서 잘 이끌어줘서

추천 이유를 담은 학급 대표 추천서

4) 좋은 리더의 모습을 함께 생각하기

학급 대표 선거일, 후보자 소견 발표와 투표에 앞서 "우리 학급에는 어떤 회장이 필요할까?", "우리가 원하는 대표는 어떤 사람이어야 할까?"를 함께 이야기한다. 이때 학생 대부분은 익히 아는 대표의 역할과 의미를 말한다. 이렇게 자기 생각을 말로 표현하는 시간은 선거의 중요성을 되새기는 동시에 선거 과정을 진지하고 의미 있게 진행할 바탕이 된다. 학급 대표에 당선된 학생도 학급 친구들의 필요와 요구를 알고, 그에 맞는 대표가 되어야 한다는 사실을 인지하게 된다.

학급 대표가 된 학생들에게 늘 당부하는 말이 있다.

"너희는 선생님 심부름을 하려고 대표가 된 게 아니야. 친구들의

의견을 귀 기울여 듣고, 이를 학생회나 선생님에게 잘 전달하고, 학급 문제를 원만하게 해결하려고 노력해야 해. 먼저 나서서 친구들을 배려하고 존중하면서 다양한 학급 활동을 구상하거나 진행하는 '리더'로 자기 역량을 기르는 기회가 되었으면 좋겠다. 노력해 줄 거지?"

학기 초 효과적인 상담 비법

3월, 교사의 감정 노동은 만만치 않다. 교사를 둘러싼 환경이 통째로 바뀌는 시기이기 때문이다. 계절과 업무의 변화도 적응하기 쉽지 않지만 가장 큰 변화는 역시 학생들이다. 익숙해질 만하면 다시 처음으로 돌아가 새로운 학생들과 시작해야 하는데, 이들과 관계를 제대로 맺지 않으면 수업도 담임 노릇도 할 수 없다. 이것이 바로 '교사'라는 직업 고유의 어려움이다.

보통 학교들은 3월 중 한 주가량을 학생을 이해하기 위한 상담 기간으로 정한다. 그러나 담임교사와 학생의 첫 상담은 서로에 대해 아는 것이 많지 않기 때문에 신상 정보만 주고받는 정도로 끝나기 마련이다. 자기소개서를 바탕으로 이야기를 풀려고 해도 래포, 즉 공감대가 형성되지 않은 학기 초에 아이들의 입을 열기란 좀처럼 쉽지 않다.

1) 담임 편지로 상담 기초 자료 모으기

학기 초 상담, 학생과 마주 앉아서 서로의 눈만 멀뚱히 바라보며 어색한 침묵을 견딘 적은 없는가? 또는 교사는 같은 질문을 반복하고 학생은 "예."나 "아니오."로 단답형 대답만 하는 상담에 지친 적은 없는가? 혼자서 북 치고 장구 치다가 정작 학생에 대해 새롭게 알게 된 것도 없이 끝나 버린 상담에 허탈해하는 교사가 대다수이다. 들이는 시간과 노력에 비해 별반 효과가 없는 상담임에도 스무 명을 넘어서면, 교사들은 목이 쉬거나 몸살을 겪을 만큼 지친다. 모든 학생에게 각기 20여 분의 시간을 쓰는 학기 초 상담의 일반적인 풍경이다.

또 의도치 않게 학생에게 상처를 주는 최악의 상담이 있다. 예컨대 "부모님과의 관계는 어때?"라는 평범한 질문도 부모와 함께 살 수 없는 환경에 놓인 아이에게는 적잖은 상처가 된다. 기초 자료가 없는 상담은 항상 이러한 위험성을 안고 있다. 학생들의 상황을 미리 파악해서 첫 상담을 좀 더 의미 있게 만들 방법은 없을까?

학기 초 상담에 담임 편지•를 적극적으로 활용하자. '3월 담임 편지'는 학부모에게 담임교사의 학급경영 철학을 간단히 소개하고, 자녀에 대해 몇 가지 질문을 던지는 편지이다. 이때 학부모가 답할 회신서 양식도 함께 보낸다.

• 5부 2장에서 구체적인 예시와 함께 상세히 다룬다.

■ 3월 담임 편지 학부모 회신서

학부모 회신서

예쁜 (　　)학년 (　　)반 (　　)번　이름 (　　)

- 자녀에 대해 드리는 몇 가지 질문에 구체적으로 답하실수록 담임교사로서 아이에게 좀 더 깊이 배려할 수 있습니다.

1. 아이의 신체적·정서적·환경적 특징(담임교사가 알고 특별히 배려해야 할 점)**을 상세히 적어 주세요.**

2. 부모님께서 자녀 교육 시에 특별히 중점을 두시는 점을 적어 주세요.

3. 가정에서 아이의 가족 관계나 생활 모습은 어떤가요?

4. 그 외 담임교사에게 부탁하고 싶은 말씀

담임 편지는 학부모를 안심시킬 뿐만 아니라 회신서로 학생에 관한 정보를 구체적으로 얻을 수 있기에 의미가 남다르다. 교사와 학부모가 학급경영 방침을 공유하면 학교와 가정에서 모두 일관성 있게 생활지도를 할 수 있다.

담임 편지에 "학부모가 질문에 구체적으로 답할수록 아이를 좀 더 깊이 배려할 수 있다."라는 내용을 더하면, 학부모 대부분은 자녀의 건강 상태부터 물리적·심리적 환경까지 소상하게 담아 답한다. 이 같은 문구를 덧붙이느냐에 따라 학부모 회신서의 질이 하늘과 땅 차이가 된다는 사실을 기억하자.

학부모 회신서는 학생이 어떤 가정환경에서 지내는지 얼추 이해하는 데 큰 도움을 준다. 빠른 상담이 필요한 학생이 누구인지도 파악할 수 있다. 기계적으로 모든 학생을 같은 시간 동안 상담하기보다는 학기 초 상담이 꼭 필요한 학생을 발견하고, 먼저 다가가 깊이 있게 소통하는 것이 중요하다.

2) 학생 정보·자료를 효율적으로 관리하기

학생의 정보와 자료를 수합하고 관리하는 일은 담임교사의 주요 업무 중 하나이자 효율적인 상담의 바탕이 된다. 다양한 필요에 따라 학교가 수집한 자료와 기록, 학생이 직접 작성하고 만든 기록 등 학생 개개인에 관한 자료는 매우 방대하다. 다양한 활동으로 만들어지는 자료는 산발적으로 흩어진 데다 비정기적으로 쏟아지기에 목록화하지 않으면 손실되기 쉽다. 담임교사는 학생 정보와 자료를 필요시에 편리하게 열람하도록 중요한 항목을 따로 정리하고 일괄적으로 관리해야 한다.

일단 담임교사에게 주어진 컴퓨터 데이터 자료는 엑셀이나 노트 프로그램(인터넷) 등을 활용하여 컴퓨터에 정리한다. 학교에서는 자료를 출력물로 전달할 때도 많은데, 출력 자료는 클리어 파일에 번호순대로 정리하고 상담 일지를 함께 보관하면 훨씬 효율적이다. 학생이 학교생활을 하는 과정에서 새롭게 발생하는 자료를 해당 학생의 클리어 파일에 추가하고 상담 일지 기록을 누적하다 보면, 상담에 참고할 자료가 풍성해지는 것은 물론 자료의 활용 범위가 훨씬 넓어진다.

배려하고 존중하는 학급 분위기

반 학생들에게 간식을 사 주고 상처받은 기억이 있는가? 담임교사라면 학생들에게 돈은 돈대로 쓰고 기분은 기분대로 상한 경험을 누구나 한 번쯤은 떠올릴 것이다. 때때로 교사들은 아랑곳없이 달려들어 먹고는 쓰레기만 남긴 채 사라지는 아이들, 자기 몫을 챙기지 못해 징징거리는 아이들, 서로 좋아하는 것을 먹겠다고 다투면서 아웅다웅하는 아이들을 겪기 때문이다.

마음을 몰라주는 아이들이 사라진 텅 빈 교실에서 담임교사 홀로 씁쓸해하는 일이 부지기수이다. 아이들에게 감동을 주고 싶어 시작한 일이건만 감동은커녕 교실에는 쓰레기만 남고 교사의 마음에는 상처만 남는다. 말하거나 표현하지 않아도 그저 잘해 주기만 하면 학생들이 교사의 마음을 알아주겠거니 하고 바라서는 안 된다. 어떻게 하면 아이들에게 배려하고 존중하는 법을 자연스럽게 가르칠 수 있을까?

1) 배려와 존중을 습관으로

학생들은 아직 어리고 미숙하므로 좋은 습관을 하나씩 만들도록 돕는다고 생각하자. 학기 초부터 반 학생들에게 담임교사를 배려하고 존중해 달라는 메시지를 반복하고 강조하되, 잔소리나 훈화가 아니라 학생들이 거부감 없이 받아들일 수 있도록 적절한 유머 감각을 발휘할 필요가 있다.

예컨대 종례 퀴즈•를 활용해 보면 어떨까? "오늘의 마지막 문제는 시사 상식입니다. 갑자기 교실에 맛있는 게 생겼다면 누구 먼저 드려야 할까요?"라고 물으면, 아이들은 너나없이 손을 들며 "당연히 선생님 먼저죠!"라고 대답한다. 이렇게 몇 번 이야기하고 나면 학생들은 어디를 가서 무엇을 먹든 "선생님 먼저 드세요. 잘 먹겠습니다."라고 교사를 챙길 줄 알게 된다.

학생들이 교실에서 함께 지내려면 배려와 존중이 필요하다는 사

• 1부 2장에서 구체적인 예시와 함께 상세히 다룬다.

실을 인지하고 이를 실천하는 연습 과정이 중요하다. 친구 관계에서도 어떤 모습을 보여야 하고, 어떤 태도가 함께 살아가는 데 바람직할지 틈틈이 학생들에게 퀴즈를 내며 이야기를 나누자. 다른 사람을 배려하는 습관이 입과 몸에 배도록 지속해서 지도하는 것이다. 교실은 삶에서 더불어 사는 데 필요한 가치를 깨닫고 연습하며, 실수하면 다시 배워 실천할 수 있는 공간이 되어야 한다. 담임교사는 이를 북돋아 줄 수 있는 영향력을 지닌 사람임을 잊지 말자.

2) 가르침을 교실 바깥으로 확장하기

학생들이 교실에서 배운 '배려와 존중'의 태도를 바깥에서도 이어 갈 수 있도록 하려면 학부모의 도움이 필요하다. 예를 들어 학급 행사로 60년째 삼대에 걸쳐 운영하는 중식당에서 짜장면 파티를 한 날, 학부모에게 보내는 담임 편지에 이 같은 문구를 넣었다.

"모든 것이 급격하게 변해 가는 세상에서 '한결같음'을 지키는 사람들의 모습과 그들이 만든 감동적인 짜장면을 우리 아이들에게 보여 주고 먹이고 싶었습니다. 제 입이 먼저인 녀석들에게 선생님에게 먼저 권하는 마음도 가르쳤어요. 가정에서도 부모님을 먼저 챙기도록 가르쳐 주실 것을 부탁드립니다."

누군가를 존중하는 일도, 선생님과 친구를 챙기는 기특한 마음도 담임교사와 부모가 끊임없이 가르치고 만들어 줘야 하는 습관임을 기억하자.

담임교사의 철학 세우기

1. 수업 교사와 담임교사의 차이는 무엇이라고 생각하나요?

2. 일 년 동안 선생님을 만난 학생들이 어떻게 성장하기를 바라나요?

3. 일 년 동안 선생님과 학급 구성원이 함께 이루었으면 하는 목표는 무엇인가요?

2

함께 완성하는 하루

활기차게 하루를 여는 아침 풍경

학교마다 차이는 있지만 대부분 10분에서 20분가량의 아침 시간을 담임 시간으로 운영한다. 담임교사에게 매일 아침 학급 학생들과 함께하는 시간이 고정적으로 주어지는 것이다. 혹시 시간이 짧다는 핑계로 훈화나 전달 사항만 안내하며 담임을 중심으로 한 조회를 하고 있지는 않은가? 매일 똑같은 아침 시간, 학생들이 느낄 지루함을 없애고 좀 더 활기차게 하루를 시작하는 방법을 구체적인 사례로 만나 보자.

1) 정감 있는 속삭임 '아침 라디오'

"안녕하세요, 디제이 문입니다. 라디오에 주시는 사연과 노래는 모두 소중합니다. 그날 아침에 급하게 신청하지 마시고, 미리미리 적어도 하루 전에 주시면, 차곡차곡 모아서 사연과 노래를 들려드립니다. 오늘의 첫 사연입니다. 요즘 제가 신경 쓰이는 남자아이가 생겼어요……."

매주 수요일, 우리 반만의 라디오를 진행하는 도우미 학생이 아침 분위기에 맞는 음악을 들려주고 친구들이 보낸 사연을 읽는다. 아이들이 보내온 사연은 소소하고 일상적인 이야기이지만 친구의 목소리로 듣는 색다른 즐거움이 있다.

아이들은 아침 라디오로 미처 몰랐던 친구들의 사연과 선곡을 듣고 함께 흥얼거리며 각자 일과를 시작한다. 큰 움직임이나 준비 없이도 딱딱한 훈화나 시끌벅적한 방송을 듣는 대신 우리 학급만의 이야기를 속삭이며 정감 있게 아침을 시작할 수 있다.

2) 테마가 있는 아침

하루 10분도 일 년간 쌓으면 꽤 긴 시간이다. 학생들이 아침 시간을 계획적으로 보낼 수 있도록 안내하고 지도하자. 담임교사는 이 시간을 활용해 학급 활동을 진행할 수 있다. 학급문고를 활용한 지속적인 독서 활동, 학생들의 일상을 기록하는 글이나 그림 표현활동, 자기 생각을 나누는 5분 스피치 활동, 테마를 정해 사진을 찍는 아침 사진 활동 등 간단하지만 함께할 수 있는 활동을 준비해서 상쾌하고 즐겁게 아침을 시작하자.

이를테면 우리 반은 특별한 이벤트가 없는 아침 시간에 독서를 하기로 했다. 아침 인사와 출석 확인이 끝나면 "샘, 지금 책 편다."라는 말과 함께 조용한 음악을 틀고 책을 읽기 시작한다. 아침 시간을 활용한 짧은 독서만으로 점차 두세 권씩 쌓이는 책을 보며, 실천의 힘이 얼마나 큰지 새삼 깨닫는다.

간혹 담임교사와 같은 책을 읽는 학생을 발견한다. 담임교사가 읽는 책을 유심히 보다가 도서관에서 같은 책을 빌려 와 읽는 아이들을 보면, 그 기특함과 반가움은 이루 말할 수 없다. 학생들에게 무조건 학습과 침묵을 지시하기보다 먼저 자기 삶을 계획하고 실천하는 모습을 보이자. 교사와 부모가 자기 삶을 적극적이고 정직하게 꾸려 가는 모습을 직접 보여 주는 것만큼 좋은 교육은 없다.

담임교사와 같은 책을 읽는 아이들을 발견한 아침

유쾌하게 하루를 마무리하는 종례 시간

학생들은 교사의 반복되는 잔소리를 끔찍이 싫어한다. 그보다 더 싫어하는 것은 옳은 소리이다. 경험에 의하면 중학생의 집중력이 지속되는 시간은 평균 8분 내외이다. 담임교사가 훈화와 통제로 일관하거나 일방적인 전달로 8분을 넘어서는 종례를 한다면, 학생들과 멀어지겠다는 의지를 강력하게 표현하는 것이나 다름없다. 모두 함께 수고한 하루를 좀 더 즐겁게 마무리할 방법은 없을까?

1) 잔소리는 가라! 퀴즈 종례

잔소리를 늘어놓거나 일방적으로 전달하는 종례 대신 십 대 심리를 반영한 퀴즈 종례를 해 보자. 이를테면 교실 앞 모니터에 종례 내용을 1분여 동안만 띄웠다가 닫고, 이 내용으로 퀴즈를 내는 것이다.

그날 배부한 가정통신문을 중요도순으로 배열하게 한 뒤에 꼭 기억해야 할 내용으로 퀴즈를 내도 좋다. 간식을 한 봉지 들고 들어가 퀴즈를 맞힌 학생의 입에 하나씩 넣어 주는 등 분위기를 띄우는 일도 중요하다. 아이들은 문제를 예측하려고 가정통신문을 미리 읽거나 전날의 종례 내용을 기억하고 있다가 문제를 내기도 전에 손을 든다.

퀴즈는 속도감 있게 진행할수록 흥미가 배가된다. 십 대 학생들에

■ **퀴즈 종례 내용**

9월 6일(화) 종례 사항

1. 학급 행사 회신서 ⇨ 경순

2. 명회, 재형, 수형: 시력·구강 검사 검진표 ⇨ 민주

3. 수현, 예진: 주민등록등본 +  ⇨ 담임

4. 담임샘에게 사랑받으려면? 9월 이벤트 응모!
   - 주제: '내가 지어 주는 나의 이름, 號' 짓기
   - 응모 기간: 9.7.(수) ~ 9.17.(토)

게 훨씬 효과적이며 저항감을 주지 않는 종례 방식이다. 심지어 종례 시간을 기대하며 담임교사를 기다리는 학생이 늘어난다.

2) 훈화 말고 종례 시험

정기 고사를 앞두고 유의 사항을 전달해야 하거나 수학여행을 앞두고 안전사고 예방에 관한 훈화가 필요할 때도 말보다 좋은 방법이 있다. 게시판에 '시험 시 유의 사항'을 게시하고 종례 전까지 읽게 한 뒤 유머러스한 종례 시험으로 대체하면 된다. 문제를 먼저 풀거나 다 맞힌 사람은 간식을 먹고 먼저 귀가할 수 있다고 공지한다. 청소 면제 특권까지 준다는 말도 덧붙인다. 그러면 담임교사가 굳이

■ '시험 시 유의 사항'을 주제로 한 종례 시험 문항

1. OMR 카드에 관한 다음 설명 중 옳은 것은?

① 시험에 대한 자신감으로 처음부터 컴퓨터 사인펜으로 마킹한다.

② OMR 카드는 언제든지 다시 받을 수 있으므로 편하게 수시로 바꾼다.

③ OMR 카드에 반 번호와 이름을 빨간색으로 쓰면 재수가 없으므로 컴퓨터용 사인펜으로 쓴다.

④ 시간이 남으면 OMR 카드에 선생님에 대한 존경과 사랑의 마음을 담아서 정성껏 낙서한다.

⑤ OMR 카드는 빨간색으로 예비 마킹하고, 정답을 확인한 뒤 이상이 없으면 컴퓨터용 사인펜으로 최종 마킹한다.

2. 다음은 OMR 카드 예비 마킹에 대한 설명이다. 옳은 것은?

① 예비 마킹은 어떤 필기구로 해도 상관없다.

② 예비 마킹이란 덤벙대는 아이들에게나 필요한 것이지 나에게는 필요 없다.

③ 빨간색 플러스펜으로 하는 예비 마킹을 잘못했을 때는 OMR 카드를 교체한다.

④ 빨간색 플러스펜으로 하는 예비 마킹은 가볍게 체크만 하고, 틀리게 체크했을 때는 X 표시를 한 뒤 다시 맞는 답에 체크한다.

⑤ 예비 마킹도 중요한 것이므로 최대한 정성을 다해 칸을 꽉 채워 색칠한다.

※ 다음은 서술형 답안지 작성에 관한 문제입니다. 내용이 옳으면 ○, 틀리면 X 표시를 하고 틀린 부분에 밑줄을 치세요.

3. 서술형 답안 작성은 연필이든 볼펜이든 내가 좋아하는 필기구로 하면 된다. (　)

4. 서술형 답은 제출 후 확인을 위해 검은색이나 파란색 볼펜으로만 작성해야 한다. (　)

5. 반드시 문제지에 정답을 적은 뒤 다시 서술형 답안지에 옮겨 적는다. (　)

6. 시간 확보를 위해 서술형 답안은 답안지에 직접 쓰고, 틀렸을 때 수정한다. (　)

7. 서술형 답을 작성하다가 틀렸을 때는 침착하게 두 줄을 긋고 빈칸에 다시 작성한다. (　)

강조하지 않아도 학생들은 쉬는 시간 틈틈이 게시판 알림장을 읽게 마련이다.

꼭 기억해야 할 내용일수록 가능한 한 교사의 입을 통해 전달하는 일을 피하자. 아이들 스스로 찾아 읽고 기억하게 하는 방법을 고안할 필요가 있다.

명랑하게 한목소리로 마무리 인사

"컴백 홈~(랩 하듯이) 오키도키요!(팔을 양쪽으로 휘저은 후 아래로 찍으면서)"

"우리는~(얼굴에 꽃받침을 하며) 빛나는 꿈나무.(손을 위로 뻗으며)"

"집~~ 가자!(자리에서 일어서며) 아자! 아자! 아자! 1~~반.(손가락을 펼쳐 1을 그리며)"

"자세히 보아야(개인) 예쁘다!(전체) 오래 보아야(개인) 사랑스럽다!(전체) 너도 그렇다.(다 같이 하트를 그리며)"

학생들의 마무리 인사에 매번 웃음이 터진다. 함께 웃으며 하루를 마치자는 의미로 마무리 인사를 만들자고 제안했더니, 아이들은 기대보다 훨씬 재치 넘치는 아이디어를 내놓았다. 방법은 간단하다. 한 달에 한 번씩 학생들이 마무리 인사 아이디어를 낼 수 있도록 공지하고 메모를 받으면 된다.

학생들은 자기만의 표현 방식으로 율동이나 인사말을 만든다. 다

■ 마무리 인사 공모 안내문

12월 마무리 인사를 공모합니다

- 우리 반 인사? 선생님과 학생, 학생과 학생 사이에 자연스럽게 나눌 인사말.
- 우리의 생각을 더럽히는 비속어나 욕보다 아름답고 위트 있는 말로 만들어 주세요.
- 매달 마무리 인사 당첨자에게는 혜택이 있어요!
- 방법

1. 좋은 아이디어를 계속 계속 생각한다.
2. 오늘 중으로 포스트잇에 써서 종례 시간에 제출한다.
3. 담임선생님이 12월의 캐롤이 생각나는 아이디어를 하나 선정한다.
4. 12월 동안 함께~ 따뜻하게 마무리 인사를~!

양한 아이디어 중 긍정적이고 기분 좋은 말이나 함께 외치기 좋은 말을 기준으로 한 가지를 선정해 한 달간 적용한다. 다들 장난기 가득한 표정으로 웃음을 짓고 담임교사나 친구들과 눈을 맞추며 한목소리로 인사를 나눈다. 짧은 시간이지만 매일 학급 전체가 서로 입을 맞추고 마음도 맞추는 연습을 하는 셈이다.

이처럼 작은 시도만으로 전달 사항만 나누고 썰렁하게 끝나기 쉬운 마지막 시간을 훨씬 더 유쾌하고 의미 있게 마무리할 수 있다. 어렵거나 복잡한 활동이 아니라서 누구나 부담 없이 참여할 수 있다. 게다가 학생들에게는 자기 아이디어를 우리 반 모든 친구의 목소리로 듣는 즐거운 경험을 선사한다. 학급 구성원 모두가 일상에서 소소한 설렘을 느끼며 한 달을 보내게 된다.

매일을 특별하게 만들기

1. 조회 시간과 종례 시간을 활용하여 학생들과 함께할 만한 활동은 무엇이 있을까요?

2. 조회 시간과 종례 시간에 학생들의 참여를 높이고 주도적으로 할 수 있는 학급 활동은 무엇이 있을까요?

3. 학생들에게 꼭 전달해야 하는 말을 색다르게 할 수 있는 방법은 무엇이 있을까요?

3

함께 만드는 우리 반 울타리

안정감, 학생 성장의 발판

담임교사 역할에서 중요한 한 가지는 '안정감' 있는 교실을 만드는 일이다. 안정감은 인간이라면 누구나 원하는 심리 상태이다. 하지만 교사가 만나는 학생들은 십 대라는 정서적 불안정기, 학교라는 낯선 환경, 친구나 가족 문제 등으로 안정감을 느끼기 어렵다.

안정감은 수업, 교우 관계 형성, 진로 모색 등 학생이 다양한 교육 활동을 전개하고 확장하는 데 밑바탕이 된다. 그래서 담임교사는 학생 개개인의 안정감은 물론 안정된 학급 분위기를 만들기 위한 방안을 모색해야 한다. 교실 내 안정감의 필요조건은 학급 규칙과 약속을 지키는 일이다.

1) 학급 규칙 만들기

공동체 약속을 지키는 일은 학창 시절에 배워야 할 기본적이고 중요한 가치이다. 이는 학교·학급 규칙을 지키고, 자기 생활을 돌보고, 수업과 학교생활에 충실히 참여한다 등 많은 의미를 담고 있다. '학교'라는 공간을 작은 사회라고 볼 때 사회에서 원만하게 생활하려고 맺는 약속은 소중한 것이다. 따라서 학급 구성원이 서로 약속의 가치를 공유하고 어떠한 방법으로 지켜 갈지 함께 이야기하는 과정이 필요하다.

먼저 약속과 규칙을 함께 만들고 합의해야 한다. 학생들이 학교 규정을 이해하도록 안내하고, 이를 바탕으로 우리 학급에서 지켜야 할 규칙을 만들고 협의한다. 일단 정한 학급 규칙은 다음 학급 회의에서 변경하기 전까지 공정하게 적용하고 정확하게 책임져야 함을 인식시킨다. 학생들이 불편해하더라도 학급 전체를 바라보는 넓은 시각으로 규칙을 지키도록 꾸준히 지도하고 심성 훈련을 이어 가야 한다.

학기 초에 필요한 약속과 규칙을 일괄적으로 만드는 것도 좋지만 일상생활을 하면서 학급 내 필요에 따라 협의하며 조정해도 좋다. 규칙을 정한 뒤 필요성을 공감했다면 이를 모두가 함께 지키려는 노력이 더 중요하다는 사실을 강조하며 학생들을 다독이자.

■ **함께 만드는 학급 규칙 안내문**

멋진 ○반 학생으로 생활하기

- 학교·학급 활동에 적극적이고 주체적으로 참여하여 즐거운 ○반을 만들겠습니다.
- 내가 좋아하는 것이 무엇인지, 내가 하고 싶은 일이 무엇인지 아는 사람이 되겠습니다.

우리가 정한 우리 반 규칙

1. 지각하지 않고 시간 약속을 지키겠습니다.
   – 담당: ○○○(지각 도우미) / 벌칙: 청소, 좋은 시 외우기
2. 수업 시간에 맞추어 행동하고 준비하겠습니다.
   – 담당: ○○○(학습 도우미)
3. 아침 시간을 알차게 사용하겠습니다.
   – 담당: ○○○(학습 도우미)
4. 바르고 예쁜 언어와 행동을 실천하겠습니다.
   – 담당: ○○○(바른 말 도우미)
5. 수업 시간에 자지 않고 적극적으로 참여하겠습니다.
   – 담당: ○○○(학급 임원)
6. 다른 반 교실에 들어가지 않고, 다른 반 친구와는 교실 밖에서 만나겠습니다.
   – 담당: ○○○(학급 임원) / 벌칙: 친구와 함께 벌칙 받기

2) 규칙을 일관되게 적용하기

규칙을 만드는 일 못지않게 중요한 것은 약속한 공간에 학급 규칙을 게시하고 학생들이 이를 꾸준히 지키는지 점검하는 일이다. 학급 분위기가 안정될 때까지 지속적으로 관심을 기울이며 소통의 장

을 마련해야 한다.

학급 규칙 시행에서 가장 중요한 부분은 규칙이 얼마나 일관되고 엄격하게 적용되고 있는지 확인하는 것이다. 담임교사는 교실 안에 질서가 정착될 때까지 끈기 있고 섬세하게 규칙 준수를 지도해야 한다. 학생들과 마찬가지로 규칙을 지켜야 함은 물론이다.

3) 학급 규칙을 색다르게 확인하기

담임교사가 매번 똑같은 방식으로 약속과 규칙을 이야기하면, 학생들은 한낱 잔소리로만 받아들이고 흘려버린다. 좀 더 유연하고 즐겁게 약속과 규칙을 이야기하며 반 분위기를 새롭게 환기할 방법은 없을까?

조회·종례 대신 수업 활동 시간과 다양한 창의적 체험 활동 시간에 학급 상황과 연계하여 이야기를 풀어 보자. 예를 들어 학교의 문제 상황을 이야기하는 교과 수업 시간에 우리 반에 발생한 문제를 꺼내어 새로운 시각으로 바라보도록 하는 것이다. 또는 창의적 체험 활동 시간에 인성 교육과 고운 말 사용에 관한 강의를 들었다면, 우리 반에서 사용하는 고운 말과 못된 말을 모아 게시하고 다시 한번 생각하는 기회를 가질 수도 있다.

아예 형식을 바꾸어 약속과 규칙에 관한 문제를 풀게 하는 방법도 있다. 예컨대 다음과 같은 문항으로 이루어진 이른바 '담임샘 고사'로 1학기 동안의 학급 생활을 되돌아보는 것이다.

■ 담임샘 고사 문항

1. ○○○ 선생님이 좋아하시는 색깔은?(3점)
① 정열의 빨간색 ② 사랑스런 분홍색
③ 귀여운 노란색 ④ 세련된 검은색
⑤ 시원한 파란색

2. 다음은 학부모에게서 걸려 온 전화에 대한 선생님의 반응이다. 대화 중 _____에 들어갈 가장 적합한 말은?(3점)

> 어머니: 민선이가 학교생활이 힘들다고 하네요.
> 선생님: 네. 그럼_____도록 지도해 주세요.

① 공부 열심히 하 ② 직접 이야기하 ③ 남자 친구와 잘 연락하
④ 밥 잘 먹 ⑤ 게임 잘하

3. 다음 대화에 이어질 ○○○ 선생님의 말씀으로 옳은 것은?(4점)

> 선생님: 오늘 지각한 사람은 청소하고 갑니다.
> 시　현: 치과 예약 땜에 일찍 가야 되는데요.

① 죽고 싶지 않으면 입 다물고 청소해라.
② 알겠어. 그럼 내일 대신 하렴.
③ 오늘은 일단 그냥 가렴. 나중에 얘기하자.
④ 부모님께 확인 전화하시라고 해.
⑤ 너는 뭐가 그리 이유가 많냐!

4. 수업 시간에 껌을 씹다 걸린 채민이가 해야 할 행동은?(4점)
① 먹던 껌을 책상 위에 붙인다.
② 먹던 껌을 머리 위에 붙인다.
③ 먹던 껌으로 큰 풍선을 불어 보인다.
④ 다음 날 껌 35개를 사 와서 함께 나누어 먹는다.
⑤ 선생님께 껌을 가져다 드리며 웃는다.

문제를 보는 순간부터 학생들의 입가에 웃음이 번지기 시작한다. 문제 속에 자신들의 이야기가 고스란히 담겨 있기에 읽는 것만으로도 공감대가 형성되기 때문이다. 학생들은 담임교사가 어떤 의도와 목적으로 문제를 만들고 풀게 했는지 자연스럽게 파악한다. 답을 맞히든 못 맞히든 즐거운 놀이 시간이자 우리 학급의 약속과 규칙을 다시 한번 생각하게 하는 시간이 된다.

교사 벌점제, 교사 권위에 도전하라

교사가 권위를 뒤집어쓴 채 말과 지식을 쏟아붓는 교실은 심각한 후유증을 불러온다. 이는 학생들의 무관심과 무기력을 키우는 동시에 배움의 모든 책임을 교사에게 전가한다. 그러한 교실은 학생들의 입을 다물게 만들고, 결국 그 침묵은 아이들의 성장을 막는 주범이 된다.

학급 규칙을 운영할 때도 이 규칙이 '담임교사'를 포함한 구성원 모두에게 적용된다는 사실을 학생들에게 인식시키는 게 중요하다. 담임교사도 학생들과 똑같은 자격으로 참여하고 어길 시에는 학생들보다 더 엄격하게 책임지는 방식으로 운영하면, 규칙에 대한 학생들의 반발과 피해 의식을 막을 수 있다. 교사 벌점제는 이러한 담임교사의 철학을 제도화한 것이다.

보통 교실에서 교사는 늘 옳고 그름을 판단하고 지시한다. 만약 교실에서 교사와 학생의 역할을 빈번히 바꾼다면 어떨까? 이를테면 교사가 지각하거나 조회·종례 시 교사의 휴대폰이 울리거나 아이들과의 약속을 잊어버렸거나 등등……. 평소 학생이 지적당하는 사항을 교사가 어기면 거꾸로 학생들에게 벌점을 받는 것이다. 여기에 교사 벌점이 10점이 될 경우 학급 전체에 간식을 쏘겠다는 등의 약속을 더하면 아이들은 벌점을 선언하는 순간마다 매우 기뻐한다.

교사 벌점제는 담임교사 역시 학급 공동체의 일원이라는 생각을 가지게 하므로 학생들의 피해 의식을 없앤다. 아이들은 교사의 말을 무조건 받아들이지 않으며, 교사의 오류와 실수를 끊임없이 찾고 거침없이 발언할 수 있다. 교사가 의도한 실수든 뜻하지 않은 실수든 상관없다. 학생이 교사의 실수나 오류를 거침없이 말하는 교실을 허용하는 시도만으로도 아이들은 많은 것을 배운다. 학생들이 교사의 권위에 도전하게 하라! 교사부터 권위를 내려놓으면 학생들은 진정한 학급 주체가 되는 경험을 하고 공동체 생활과 배움의 자세를 터득한다.

교실 환경 관리, 튼튼한 울타리의 기본

다음은 어느 두 교실 한편의 풍경이다. 두 사진을 살펴보고 차이점을 찾아보자.

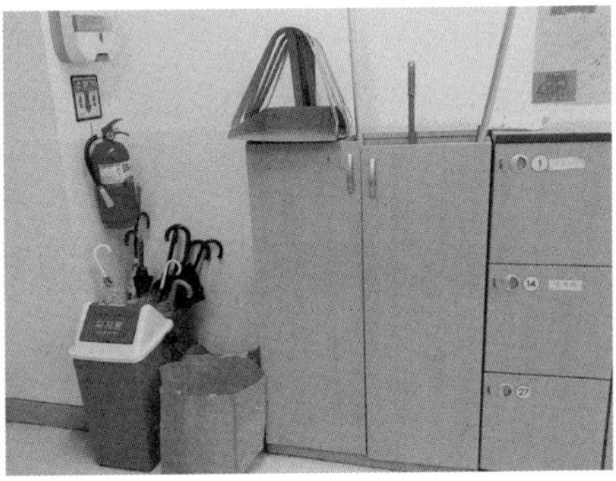

두 교실의 풍경을 비교하면서 어떤 생각이 드는가? 지금 내가 아이들과 함께하는 공간은 어떤 모습인가? 당신이 학생이라면 어떤 공간에서 지내고 싶을까? 다른 교실에 들어갔을 때 쓰레기가 흩어져 있거나 지저분하면 '이 반 담임이 누구지?'라는 생각부터 든다. 거꾸로 깔끔하고 밝은 교실을 만나도 담임교사가 누구인지 한 번쯤 확인하게 된다.

사실 많은 교사가 학교 공간에 아쉬움을 느낀다. 교실 환경이 이미 비슷한 모양과 구성 요소로 이루어져 있어 변주하기 어렵기 때문이다. 비록 틀이 정해져 있는 공간이지만 학생들과 함께 안정적이면서 쾌적한 환경을 만들고, 학습과 친구 관계 형성에 적합한 공간으로 유지하는 방법은 없을까?

학생들과 함께 사용하는 공간이라면 '안전'이 제일 중요하다. 그렇기에 모든 물건을 제자리에 두자는 약속을 해야 한다. 담임교사는 기본적으로 교실을 구성하는 기기가 제자리에서 제 역할을 할 수 있도록 점검한다. 학생들과 함께 각 기기와 물품을 효율적으로 사용할 수 있는 공간을 마련하고, 이를 모두가 의미 있게 사용하고 필요시 손쉽게 찾을 수 있도록 배치한다.

교실은 특정 개인의 사유 공간이 아니라 학습과 학급 구성원 모두를 위한 공적 공간이다. 교실은 함께 사용하는 공간이라는 인식을 가져야 한다. 교실 안에서 학생들의 사적 공간과 공적 공간을 구별하고, 공적 공간은 특히 청결하고 쾌적하게 유지될 수 있도록 점검하며 관심을 기울여야 한다. 공적 공간을 재구성하는 아이디어도 필요하다. 학급문고 또는 게시물과 사진을 활용해도 좋다. 사소한 공간이라도 학생들 스스로 관리하고 관심을 기울여 가꿀 수 있도록 지도하자.

1) 칠판 구획 나누기

칠판은 교실 공간에서 큰 비중을 차지하며 학생들의 주목도가 가장 높은 공간이다. 여러 정보가 적혀 있고 다양한 게시물이 부착되므로 잘 정리하지 않으면 매우 산만해진다. 게다가 교과 학습과 학급 활동이 한꺼번에 이루어지는 공간이기 때문에 정보가 뒤섞이기 쉽다.

칠판은 구획을 정해서 정리하는 게 중요하다. 예를 들어 왼쪽에는 담임교사의 안내 사항과 학급 활동 내용, 오른쪽에는 교과 담당 교사들의 안내 사항과 학습·수업 내용을 기재하도록 분리하는 것이다. 이렇게 하면 칠판이 훨씬 더 정돈되고 정보 전달도 잘된다. 칠판 관리 사정은 학교마다 다르지만 칠판 도우미를 정해 칠판지우개와 분필 찌꺼기를 주기적으로 청소하는 것이 좋다.

구획을 나눠 사용하는 칠판

2) 학생이 참여할 수 있는 게시판

게시판은 학교별로 구성 모양이 다른 데다 교실별로 담임교사와 학생들의 개성에 따라 바꿀 수 있는 공간이다. 칠판 옆에 게시판이 있는 교실도 있고, 뒤편 벽면에 보드로 게시판을 만든 교실도 있다. 기본

학생들이 함께 만드는 게시판

적으로 학급 생활에서 반드시 알아야 할 사항을 몇 가지 정하고, 담임 교사나 학급 담당자가 해당 게시물을 유지하거나 교체한다. 상시적인 게시물은 아예 붙여 두고, 기한과 필요에 따라 교체해야 할 게시물은 클립 등을 이용해서 주기적으로 바꾸자. 나머지는 학생들이 직접 꾸미거나 게시물을 변주하면서 참여할 수 있는 공간으로 만든다.

3) 정리함 관리하기

교실은 학생들과 담임교사가 사용하는 물품이 많아 정리하기 어렵다. 이때 몇 가지 정리함을 활용하면 쉽게 정리할 수 있다. 우산함(비 오는 날 우산의 물이 바닥에 떨어져 미끄러지지 않도록 하고, 우산을 밟거나 걸려 넘어질 수 있기에 정리가 필요함), 청소 도구함, 물품 바구니, 분리수거함, 학급문고함 등을 정하고 물품을 용도에 따라 지정된 정리함에 두도록 안내하자. 공유하는 물품의 손상을 줄이고 공간을 쾌적하게 관리할 수 있다.

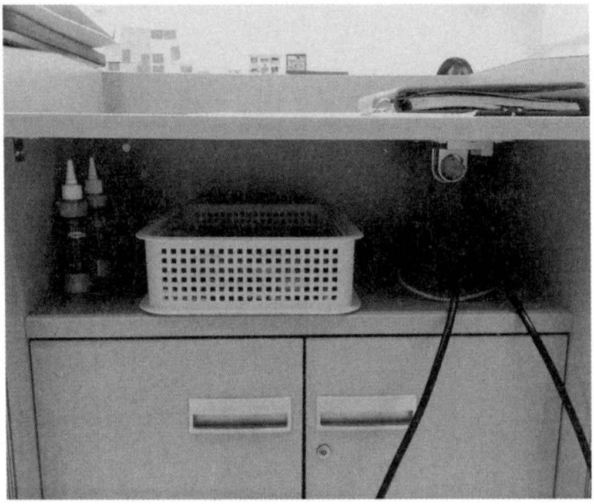

각 물건의 자리를 지정하는 정리함

4) 청소 도구 관리하기

청소 도구와 쓰레기통 주변은 지저분한 요소가 많아서 특별히 청결하게 유지하려는 노력이 필요하다. 쓰레기통은 넘치지 않도록 관리하되 자주 비운다. 교실에서 나오는 쓰레기 대부분은 학생들이 먹는 간식에서 나오기 때문에 자잘한 과자 부스러기나 음식물 찌꺼기를 오래 두면 위생상 좋지 않다. 분리수거함과 쓰레기통, 물이 고이는 물받이 통 등은 주기적으로 비우고 닦아야 한다. 빗자루나 대걸레 같은 청소 도구가 더러우면 청소를 제대로 할 수 없으니 항상 상태를 확인하자.

항상 청결하게 관리해야 하는 청소 도구

상벌점은 NO
아봉은 OK

우리 학급에는 상벌점 카드가 없다. 교육을 '배움을 통한 인간 내면의 성장'이라고 본다면, 상벌점제는 이와 완전히 배치되는 제도라고 생각하기 때문이다. 상벌점제는 행위 의도와 맥락에는 관심이 없으며 단지 행동의 결과로만 학생을 판단한다. 그러한 공간에서 '성장'은 일어날 수 없다. 그래서 상벌점제를 대신할 '아봉' 제도를 도입했다.

아봉이란 '아름다운 봉사'의 줄임말이다. 칠판의 '아봉'란에 이름이 오르면, 언제든 담임교사가 원할 때 묻지도 따지지도 말고 학급 봉사를 하는 제도이다. 창틀 닦기, 화장실 변기 닦기, 선풍기 날개 청소, 회신서 정리, 학급 사진 정리해서 홈페이지에 올리기 등 소소한 봉사이지만, 어느 날 갑자기 남아서 하게 될지 모르기에 학생들은 아봉에 걸리지 않으려고 노력한다. 가령 무단 지각을 하거나, 학부모 회신서를 사흘이 지나도록 제출하지 않거나, 작은 학급 규칙을 어겼을 때 담임교사는 해당 학생에게 '아봉 1회'를 선언한다.

1) 낙인 찍기가 아니라 성장으로

아봉이 벌점 카드와 다른 점은 낙인을 찍는 게 아니라 봉사를 하고 나면 지워진다는 것, 그리고 봉사 후에 담임교사에게서 간식과 함께 고맙다거나 기특하다는 칭찬을 얻게 된다는 것이다. 이는 바람직하지 않은 행동을 절제하는 것 이상의 효과를 가져온다. 벌의 결과가 학급을 위한 봉사가 되고 봉사의 결과로 칭찬을 듣는 일인 것이다. 그렇다 보니 시기와 내용을 예측할 수 없는 봉사라는 점에서 학생들은 아봉에 걸리지 않으려고 애쓰지만, 설령 아봉을 받는다고 해도 벌점을 받을 때와 같은 거부감 없이 인정한다.

2) 봉사도 선행도 습관으로 만들기

담임교사가 따로 부탁하지 않았는데 도움 반 학생을 돕거나, 지력과 사회성이 부족한 급우를 배려하거나, 학급 행사를 할 때 큰 봉지를 들고 다니며 쓰레기 정리를 하는 등 스스로 봉사하는 아이들이 있다. 이처럼 숨은 선행이나 자발적인 봉사를 하는 학생을 발견했을 때는 굳이 물적 보상을 주지 않는다. 선행이나 봉사에 물질적인 상이 주어지면, 그것이 없을 때 자발적인 선행과 봉사의 마음도 사라질 위험이 있기 때문이다.

대신 담임교사는 '아봉 －1회'를 선언한다. 언젠가 아봉에 걸리면 한 번 면하겠다는 것이다. 학생들은 이 제도를 매우 좋아한다. 그래서 보이는 곳이건 보이지 않는 곳이건 어디에서든 조용하고 꾸준히 선행을 실천한다. 결국 아봉 제도로 인한 봉사건 '아봉 －1회권'을 얻기 위한 봉사건 담임교사는 물적 보상 없이도 자발적 선행과 봉사가 저절로 이루어지는 학급을 만들 수 있다. 중요한 것은 봉사도 선행도 자꾸 하다 보면 습관이 된다는 사실이다. 마치 가랑비에 옷이 젖듯 서서히 공동체 감수성이 풍부한 학급이 만들어지는 것이다.

하나하나가 씨앗이 되는 1인 1역

학급 활동을 운영할 때 학생 개개인에게 학급 구성원으로서 직접 참여하는 기회를 제공하자. 학급 분위기만으로 학생 한 명 한 명이 안정감을 찾아가기에는 한계가 있다. 개개인이 처한 상황이 다르기에 가능한 한 각자의 상황에 맞춰 상담하거나 대응해야 한다. 학급 내에서 자기 역할을 맡아 책임을 다할 기회를 가지는 것은 각자의 안정감을 찾는 데 필요한 일이다.

1인 1역 활동은 학급의 일을 모든 학생이 나누어서 한 가지씩 역할을 맡는 것이다. 1인 1역 활동은 학생들 스스로 학급 활동을 운영한다는 데 의의가 있다. 수업 활동이나 학교 활동에 참여하기 힘든 학생들도 학급 구성원으로서 책임감을 느끼고 의미를 찾을 수 있다. 아울러 모두가 자기 역할을 가진다는 것은 한 명 한 명이 교실에서 존재감을 유지한다는 뜻이다. 이를 통해 아이들은 '교실'이라는 작은 사회에 적응하는 법을 배우기도 한다. 특히 학습이나 친구 관계에서 두각을 드러내지 못하는 학생이라면 더욱 그렇다.

1인 1역 활동을 정착시킬 때까지 담임교사에게 필요한 것은 인내 또 인내이다. 배우는 과정에 놓인 학생들은 보통 자기가 맡은 역할을 온전히 이해하지 못하거나 스스로 일을 찾아서 하지 못하는 경우가 많다. 자기 역할을 제대로 인식하고 성실하게 수행하는 데까지 도달하려면 서로 도와야 한다. 또 학생마다 1인 1역 활동에 대한 인지와 수행 정도, 책임감이 다르기에 담임교사는 개개인의 특성에 맞춰 지도해야 한다. 학생들이 조금씩 자기 역할을 이해하고 1인 1역 활동이 정착되면, 담임교사 없이도 자발적으로 학급 활동이 진행된다. 일상적이고 자연스러운 학급 활동은 학생들에게 안정감을 더한다.

1) 관찰하고 발견하고 피드백하기

학생들의 1인 1역 활동에 힘을 실으려면, 담임교사의 관찰과 발견 그리고 피드백이 중요하다. 학기 초에 1인 1역 활동만 정하고 학생들이나 담임교사가 서로 무관심하면 유명무실해지기 때문이다. 지속적인 상호작용으로 학생들이 원활한 역할 수행이 학급 활동에 도움이 된다는 사실을 인지하고, 스스로 움직이게 하는 것이 중요하다.

"책임감 갑인 ○○가 있으니 우리 반 사진 정리는 걱정이 없네."

"네가 챙겨 주는 덕분에 우리 반이 분실물 없이 이동 수업을 할 수 있었어. 대견하구나!"

담임교사는 학생들이 어떤 1인 1역을 수행하고 있는지 기억하고, 이를 필요한 시점과 장소 및 행사 등에서 활용해야 한다. 학급 행사 계획을 기반으로 다양한 학생이 1인 1역에 맞춰 녹아들 수 있다면 더욱 좋다.

학습 영역에서는 발견하지 못한 학생들의 장점이 1인 1역을 통해 드러났을 때 이 활동의 진가가 드러난다. 삶이 다양한 영역에서 의미를 띠듯이 학습과 경쟁에서 소외된 학생들이 학급 활동을 통해 학교생활에 스며들 수 있기 때문이다.

■ 1인 1역 우수자 게시 글

누구나 참여하는 우리 반, 1인 1역 우수자

- 기간: 3.3.~5.27.
- 특전: 2학기 1인 1역 정하기 및 청소 정할 때 우선순위 & 학교생활기록부 우수자 기록 혜택

매일 아침, 핸드폰 걷고 가져다 두고 가져오는 참한 친구들	○○○, ○○○
우리 반 출석부는 내가 책임진다!	○○○
기록장을 잘 걷고 독려해 준다!	○○○
학급의 문을 사수하는 친구(가끔 허술하기도)	○○○
준비와 알림을 알려 주는 꼼꼼한 친구	○○○
우리 눈에 보이지 않지만 특별 구역을 열심히 청소해 주는 친구들	○○○, ○○○, ○○○, ○○○

2) 자기평가와 동료 평가로 성찰하기

피드백은 담임교사의 발견으로만 이루어지지 않는다. 한 학기 1인 1역 활동이 끝나면 다 함께 평가표를 작성한다. 스스로 자기 활동을 되돌아보고, 우리 학급을 위해 노력한 친구들에게 고마움을 표하고, 이번 학기에 활동이 부족했던 친구들에게 좀 더 잘해 보자고 격려하는 시간이다. 한 학기 동안 성실히 임한 학생들에게는 다음 학기의 1인 1역을 선택할 수 있는 우선권과 작은 보상이 주어진다. 담임교사와 친구들의 지지가 더해져 더 나은 1인 1역을 해낼 동기가 생기면, 2학기의 1인 1역 활동은 더 빠르고 쉽게 진행된다.

아울러 학생들이 일 년간 수행한 1인 1역 활동 내용은 학교생활

기록부 등에 기록으로 남긴다. 학교생활기록부에는 학급 임원 활동만 기재되는 경우가 많은데, 1인 1역을 통해 모든 학생이 맡은 역할을 일 년간 꾸준히 수행했다는 사실을 '창의적 체험 활동 상황'의 '자율 활동 영역'에 기록할 수 있다. 학생 개개인의 특성을 드러낼 수 있는, 특색 있는 기록이 될 것이다.

■ 1인 1역 역할 분담표

누구나 참여하는 우리 반, 1인 1역 분담표

	맡은 역할	어떤 일을 하는 건가요?
1	출석부 도우미	출석부 관리 및 정리, 출석부 통계(매일) – 책임감 필요 / 혜택: 교실 청소 제외
2	학급 문단속 도우미	이동 수업 시 최종 문단속 및 열쇠 관리 – 책임감 필요
3	칠판 관리 도우미	쉬는 시간에 칠판 지우고 칠판지우개 관리하기 칠판지우개가 망가질 때 교체하기 – 책임감 필요 / 혜택: 교실 청소 제외
4	지각 도우미	지각생 체크(매일), 등교 7시 50분, 성실할 것
5	멀티미디어 도우미	TV 관리, 사용 안 할 시 끄고 확인하기, 수업 시간 준비와 뒷정리
6	자료 걷기 도우미	수업 자료나 학급 관련 자료 걷기
7	준비 알리미	학습 과제, 수행평가, 준비물 게시 및 제출일을 칠판에 꼼꼼하게 적어 알리기
8	학습 도우미	아침 자습 시간에 조용한 분위기 만들기, 수업 시간 자리 앉히기, 시험 기간에 정답 알려 주기, 수행평가 전표 관리 및 교과 선생님 도우미
이하 생략		

■ 1인 1역 평가표

누구나 참여하는 우리 반, 1인 1역 평가표

1학기 동안 우리 반이 잘 운영될 수 있도록 각자 역할을 잘해 준 ○반 아그들에게 감사합니다. 자신의 역할을 충실히 수행한 학생에게는 칭찬과 사랑의 마음을, 역할 수행이 부족한 학생에게는 격려의 마음을 드리기 위해 평가표를 작성합니다.

1. 나의 1인 1역은 무엇인가요? 나의 1인 1역 활동에 대해서 평가한다면? 그 이유는?

2. 1학기 동안 역할을 잘 수행한 학생을 찾아 Good 칸에 표시하세요.(3명)

– Good을 많이 받은 학생은 2학기 1인 1역 우선 선정권과 학교생활기록부 기록이 주어짐.

	맡은 역할	어떤 일을 하는 건가요?	Good
1	출석부 도우미	출석부 관리 및 정리, 출석부 통계(매일) – 책임감 필요 / 혜택: 교실 청소 제외	
2	학급 문단속 도우미	이동 수업 시 최종 문단속 및 열쇠 관리 – 책임감 필요	
이하 생략			

3. 1학기 동안 역할 수행이 부족한 학생을 찾아 Bad 칸에 표시하세요.(3명)

	맡은 역할	어떤 일을 하는 건가요?	Bad
1	출석부 도우미	출석부 관리 및 정리, 출석부 통계(매일) – 책임감 필요 / 혜택: 교실 청소 제외	
2	학급 문단속 도우미	이동 수업 시 최종 문단속 및 열쇠 관리 – 책임감 필요	
이하 생략			

안정감 있는 학급 만들기

1. 선생님만의 출결 관리 노하우를 가지고 있나요?

2. 교실 환경 관리와 청소 지도를 쉽게 하는 방식을 알고 있나요?

3. 학생들이 함께 약속한 규칙을 꾸준히 지키게 하는 방법은 무엇이 있을까요?

2부

소통으로 발걸음을 맞추다

상황 1. 수업을 마치고 돌아오니 메일이 와 있다.

"얼굴에서 웃음이 사라져 가요. 처음에 강한 인상을 못 남겨서인지 아이들이 제게 집중하지 않아요. 권위적인 태도가 싫어서 태도 점수를 깎거나 벌점을 주지 않은 건데, 아이들은 집중해서 들을 때와 그렇지 않을 때를 구분하지 못하나 봐요. 선생님께서 주신 소중한 자료를 써먹지도 못하고, 일 년 차답게 정체성이 흔들리네요. 다들 처음은 이렇게 힘든 건가요? 교직이 제 적성이 아닌가 싶기도 하고……. 저는 어떡해야 할까요?"

○○교육연수원의 '신규 발령 예정 교사' 연수에서 만난 교사의 편지였다. 발령받자마자 보내온 첫 편지에는 의욕이 넘쳤건만 한 달이 지나고 보내온 편지에는 절망이 가득했다. 교육학책을 통해 알던 이론과는 매우 다른 학교 현장에서 이렇듯 많은 교사가 상처를 입고 쉽게 좌절한다. 마음이 아팠다.

상황 2. 스승의 날, 고등학생이 된 제자들이 찾아왔다.

고등학교 생활이 힘들다며 법석을 떨기에 무엇이 가장 힘드냐고 물었다. 야간 자율 학습이나 수면 부족 등 예상한 것과 다르게 뜻밖의 답이 돌아왔다.

"선생님들이 다 혼자 말해요. 질문하지도 않고 질문을 받지도 않아요. 온종일 내내 앉아서 듣기만 하는 게 너무 힘들어요."

중학생 시절 폭포수처럼 질문을 쏟아 내던 녀석들은 고등학교에 입학한 후 두어 달간 입을 다물고 사는 게 꽤 답답했던지 잠시도 쉴 틈 없이 수다를 떨며 깔깔대다가 돌아갔다.

이 두 가지 상황은 소통이 이루어지지 않는 교실은 교사와 학생 모두에게 상처라는 사실을 보여 준다. 교사는 학생에게 무엇을 기대할까? 아니, 무엇을 기대해야 할까? 의문 없이 수용하는 삶만큼 무기력하고 위험한 삶은 없다.

아이들이 배우고 있다는 증거는 '질문'이며, 살아 있다는 생생한 자각은 '질문이 쏟아지는 소통의 교실'일 때 가능하다. 질문의 크기가 삶의 크기를 결정하며 삶을 앞으로 나아가게 하는 힘이 된다. 따라서 소통과 질문이 사라진 공간은 더는 교육의 장이 될 수 없다.

2부에서는 교사의 상처를 줄이면서 학생들의 질문을 끌어내고 소통하는 교실을 만드는 데 활용할 수 있는 방법을 소개한다.

1

학급경영은 처음이라

흔들리는 교사, 다시 서는 교사

교실 날씨가 항상 청명할 수는 없다. 어쩌면 비가 쏟아지고 천둥번개가 치는 날이 더 많을지도 모른다. 초임 담임교사는 교실 날씨의 영향을 더 많이 받기에 천국과 지옥을 넘나드는 롤러코스터를 타기 마련이다. 교실에서 학생들과 생활하는 데 있어서 불확실성과 두려움은 어떤 교사든 가지고 있다. 흔들리는 마음을 붙잡고 앞으로 한 걸음을 내딛기 위한 용기는 어디서 찾을 수 있을까?

1) 담임교사의 에너지가 중요한 이유

경력이 짧은 담임교사들의 공통점은 교사로서의 자존감, 즉 교사효능감• 이 매우 낮다는 것이다. 놀랍게도 교사가 자존감이 낮으면 학생들에게 그대로 전달되어 교사의 말을 듣지 않아도 그만이라는 태도를 끌어낸다.

눈빛이나 말과 행동에서 나오는 에너지는 사람과 사람 사이에 큰 영향을 미친다. 매일매일 담임교사와 접하는 학생들은 교사의 감정과 에너지에 민감하게 반응하고 이에 맞춰 대응할 수밖에 없다. 담임교사의 불안한 감정이 말과 행동에 실리면, 학생들은 교사가 원래 의도한 의미를 왜곡하거나 가볍게 받아들일 가능성이 크다. 결국 담임교사의 생각대로 학급 분위기를 만들 수 없고, 가뜩이나 낮아진 자존감이 더욱 낮아지는 악순환이 반복된다.

2) 악순환의 고리 끊기

많은 초임 교사가 엄격하고 일관되게 학교 규정이나 학급 규칙을 적용하기를 망설인다. 학생과의 사이가 나빠지는 게 싫을뿐더러 사소한 행동 하나하나에 벌점을 부여하고 부가되는 벌이 너무 지나치다고 생각하기 때문이다. 그러나 학생들은 순진한 교사를 쉽게 배반

• 교사가 학생들의 지적·인성적 성취에 영향을 미치는 역량을 가졌다고 믿는 정도를 나타내는 말이다. 교사 스스로 자기 능력과 자질로 교직을 성공적으로 해낼 수 있다고 믿는 정도를 의미하기도 한다. 교사효능감이 높은 교사들은 교직에 남다른 사명감을 느끼며 학생에 대해서는 늘 수용적이고 온정적이어서 자신의 일을 즐기며 수행한다.

한다. 교사들의 약한 고리를 재빨리 발견하고 역이용하기도 한다. 교사는 그러한 학생들의 태도와 이중성에 상처받는다. '마음 약한 교사 → 학생의 역이용 → 상처받는 교사'의 악순환이 시작되는 것이다. 이러한 악순환의 고리를 단호하게 끊을 필요가 있다.

교사가 쉽게 빠지는 유혹

초임 시절, 학생과 친구처럼 소통하는 교사를 꿈꾸지 않은 이는 없으리라. 그러나 불과 몇 달 만에 아이들을 꽉 잡는 선배 교사를 부러워하고 카리스마 가득한 교사가 되고 싶다는 말을 서슴없이 하게 된다. 내가 상처받지 않으려고 학생들에게 상처를 주는 교사가 될 것인가, 아니면 악순환과 유혹의 고리를 끊고 학생들에게 한 걸음 더 다가갈 것인가.

1) 배우지 못했기에 배움을 찾아가기

담임교사가 학생들과 소통하거나 역할을 수행하는 데 어려움을 겪는 것은 너무도 당연하다. 놀랍게도 우리는 교사가 되기 전에 제대로 된 담임교사의 역할을 단 한 번도 배운 적이 없다. 대학에서 교과 내용과 학습법을 공부하고 학생들에게 교과를 잘 가르쳐야겠다는 생각으로 교사가 될 뿐, 교사가 된 뒤에도 담임교사로서의 철학과 학급경영의 노하우를 배울 곳을 찾기 어렵다.

이처럼 초임 교사의 첫해를 들여다보는 일은 우리 모두의 자화상과 직면하는 일이다. 현장에서 혼란과 고통을 겪는 교사들에게 공감과 위로, 대안을 함께 모색하려는 상담과 지원이 전무한 것도 우리 교육의 초라한 현실이다. 교사로서 전문성을 갖추고 나아가 그것을 공유하며 서로 성장하는 문화를 만드는 일. 누구도 대신하지 않는, 우리에게 주어진 과제이다.

2) 담임교사의 성격과 역할 인지하기

'담임교사의 역할'은 교과 교사와는 또 다른 전문성을 요구하는 복합적인 요소의 결합체이다. 대학에서 교육학 영역으로 나눠 배운 이론을 현장에서는 한꺼번에 모아서 내 것으로 소화하고 발현해야 한다. 이제 막 학교에서 어린 학생을 만났는데 이들의 감정, 생각과 고민, 적성과 흥미, 생활 습관, 학습 능력, 부모와 교과 교사와의 관계 등 모든 것을 이해하고 대처해야 한다니……. '도대체 나를 뭘 믿고 아이 서른 명을 맡기지?'라는 생각부터 든다.

다 놓아 버리고 외면하고 싶은 순간이라면 '담임교사는 존재만으로 학생들에게 어떤 영향을 미치는지' 생각하자. 담임교사는 학생과 매일매일 시간을 나누고 일상의 공간에서 접촉하며 교육적인 만남을 가지는 사람이다. 이러한 성격과 역할을 잊어서는 안 된다.

100개의 교실, 100명의 담임교사

첫 담임을 맡았을 때 반 학생들이 한 학기를 마치면서 외친 말이 떠오른다.

"선생님, 제발 활동 좀 그만 시키세요!"

낯을 가려 학생들과 마주하는 것이 어색하기만 했던 나는 아침 조회 시간마다 다양한 학급 활동지를 나눠 주며 빈칸을 채워 오게 했다. 입담이나 유머로 조회와 종례, 담임 활동 시간을 보낼 자신이 없기도 했지만, 잠깐의 시간도 허투루 보내고 싶지 않아서 무작정 자료만 많이 주었던 것이다. 결국 교사도 아이들도 지치고 말았다.

지친 나를 다시 일어서게 한 것은 스스로 돌아보자는 마음이었다. 나다운 담임교사로 살고 싶다고 생각했다. 이상적인 담임교사의 모습에 정답은 없다. 자기 성향과 역량을 고려해 '나다운' 담임교사가 되는 것이 중요하다. 이 점을 놓치면 내가 경험했듯이 교사는 물론 아이들까지 힘들어진다.

1) 시간을 비우고 채우기

처음 담임을 맡는 교사는 대부분 경험 많은 선배 교사들이 만든 자료를 활용한다. 하지만 무조건 많은 자료를 활용해야만 학생들에게 좋은 영향을 줄 수 있다고 생각해서는 안 된다. 무엇보다 내가 할 수 있는 활동이 무엇인지, 지금 우리 반 학생들이 가진 관심사는 무엇인지부터 생각해야 한다. 담임교사로서 나는 어떤 역량을 지녔고, 나와 지금 학급 아이들에게 맞는 활동이 무엇일까 고민하자.

이와 더불어 학급 아이들이 성장하려면 비움의 시간도 필요하다. 비움 자체에 의미가 있기 때문이다. 비워 두었기에 이를 학생들과 함께 천천히 채워 갈 기회를 얻는다. 담임교사나 학급 학생들과 관련 없는 다른 사람이 만들어 낸 자료로 채운 시간을 비우고, 이를 교사가 진심을 담아 계획할 수 있는 동시에 학생들이 원하고 가치 있는 활동으로 채우자.

2) 교사이기 이전의 나를 돌아보기

평소 나는 다른 사람과 어떤 방식으로 관계를 맺고 유지하는가? 담임교사와 학생들의 관계는 교사의 평소 인간관계와 무관하지 않다. '담임교사'로서의 나도 결국 '나'이다. 담임교사가 그동안 살아온 삶의 방식은 반 학생들과의 관계에서 고스란히 드러난다. 반 학생들과 매일 만날뿐더러 조회와 종례, 상담 시간은 명확하게 정해진 내용이 없기에 담임교사의 존재 자체가 아이들에게 영향을 미친다.

학생들과 대화하다가 갑자기 눈물을 글썽거리고 울음을 터뜨린다든지, 화가 치밀어 올라 소리를 지른다든지, 말문이 막히고 머릿속이 새하얗게 된다든지 하는 순간이 있었는가? 나의 단점이나 감정의 변화, 삶의 자세가 학생들 앞에서 여과 없이 드러나서 당황스러울 때가 있다. 그래서 인간으로서의 나와 교사로서의 나를 반성하고 살펴볼 필요가 있다. 내 모습이 담임교사로서 아이들과 만날 때 어떻게 나타날지, 나의 인간관계나 생활 태도가 담임교사 역할을 원만하게 수행하는 데 어떤 도움이 될지 고민해야 한다.

나의 생활 태도에서 장점을 발전시키고 단점을 개선하여 담임교사 역량으로 활용하자. 나에게 맞는 역량을 발휘해야만 자연스럽고 편안한 에너지를 학생들에게 전달할 수 있고, 좋은 분위기를 끌어낼 수 있다. 그래야만 지치지 않고 오랫동안 즐겁게 담임교사 역할을 해낼 수 있다.

1만 시간의 법칙

교사들은 대부분 한 해라도 담임 자리에서 벗어나고 싶어 한다. 2월, 업무를 분장할 시기가 오면 올해 만날 아이들에 대한 설렘보다는 어떻게 또 이 한 해를 버티나 하는 생각에 심란해지고는 한다. 이전에 입은 상처가 아물지 않았기 때문이다. 그러나 교사 상처는 결코 시간이 흐른다고 해서 저절로 치유되지 않는다. 나만 이렇게 힘든 것이 아님을 아는 일, 즉 '동병상련'에서 치유가 시작되고 오직 실천으로만 완치될 수 있다.

소통의 기술을 배우고 학교 안에서 자신과 아이들을 행복하게 하는 장치를 스스로 마련하겠다는 의지가 없다면, 아무리 훌륭한 제도가 있다 한들 백약이 무효이다. 자율적이고 따뜻한 소통의 교실은 어떻게 만들 수 있을까?

1) 담임교사로서 전문가 되기

수업 전문성이 필요하다고 생각하는 교사는 있어도 학급경영 전문가가 되어야 한다고 생각하는 교사를 찾기는 쉽지 않다. 어쩌면 담임교사 역할을 전문가의 영역이라고 생각한 적이 없을지도 모른다. 그렇다면 기억해야 할 말이 있다. '1만 시간의 법칙•'이다. 어느 분야가 되었든 그 업무가 요구하는 탁월한 전문성을 소유하려면 최소한의 연습 시간, 즉 1만 시간의 노력이 필요하다. 한마디로 우리가 '한' 담임한다는 말을 할 수 있으려면 적어도 1만 시간의 노력, 즉 하루에 세 시간씩 노력을 쉼 없이 쏟아부어도 십 년은 축적해야 함을 의미한다. 소통이 있는 따뜻한 교실, 행복한 담임교사가 하루아침에 만들어질 리 없다는 말이다.

2) 소통하는 교실 만들기

"배를 건조하고 싶으면, 사람들에게 나무를 모아 오고 연장을 준비하라고 하는 대신 그들에게 끝없이 바다에 대한 그리움을 불러일으켜라!"

생텍쥐페리의 이 말은 '사람은 무엇으로 사는지'를 보여 준다. 지

• 말콤 글래드웰의 『아웃라이어』(김영사, 2009)라는 책에 소개되면서 널리 알려졌다.

시하거나 통제하려고 하면 도리어 스스로 움직이게 할 수 없다는 의미이다. 그러므로 멋진 배를 만들어 항해하고 싶은 교사라면, 지시나 명령의 유혹에서 빠져나와야만 한다. 다시 말해 '존중'과 '자발성'만큼 사람을 살아 있게 하는 것은 없음을 매 순간 자각해야 한다.

담임교사는 학생을 위해 일방적으로 헌신하는 사람이어서는 안 된다. 담임교사 역시 학생들의 배려와 사랑이 필요하며, 학급에서 담임교사의 존재감이 명확해야 지치지 않는다는 사실을 기억하자. 그러므로 학생들도 담임교사를 살뜰하게 챙기는 쌍방향의 교실 문화와 서로에게 물길을 트는 학급 분위기를 만들어야 한다. 헌신이나 희생이 아니라 교육적 기술이 있어야 상처받지 않는 관계와 소통하는 교실을 이룰 수 있다.

담임교사의 1만 시간 쌓기

1. 담임교사와 학급 학생들 간에 긍정적인 에너지를 높이는 선순환을 위해 필요한 것은 무엇일까요?

2. 담임교사에게 필요한 역량은 무엇이고, 그 역량을 키우는 방법에는 어떤 것이 있을까요?

3. 담임교사로서 선생님이 지닌 역량은 무엇인가요? 그 역량을 활용할 수 있는 담임교사의 역할에는 어떤 것이 있을까요?

2

긍정과 소통을 더하는 교실

내면의 긍정성을 끌어올리는 고백

조회·종례나 수업 시작과 끝에 듣는 "감사합니다."란 학생들의 인사가 어쩐지 불편하게 느껴질 때가 있다. 나의 행복을 위해 교사라는 직업을 즐기는 게 우선이지, 학생을 위해 무조건 헌신하거나 희생하는 것은 바람직하지 않다고 생각하기에 그런지도 모른다. 또 학생이라고 해서 교사에게 늘 고마울 리도 없다. 교사가 학생들에게 항상 고마움을 살 만한 사람으로 살기도 어렵다. 일방적인 감사를 받기보다 담임교사와 학생이 서로에게 솔직하고, 긍정적으로 감정을 표현하고, 마음을 나눌 방법은 무엇이 있을까?

1) 서로에게 사랑한다고 말하기

"사랑한다."라는 말을 자주 듣고 자란 아이가 사랑을 줄 수 있다. 생에는 굴곡이 있는 법이고, 살면서 쌓는 내면의 긍정성이 굴곡 앞에서 리듬을 타며 춤추느냐 혹은 엎어지느냐를 좌우한다. 그리고 내면의 긍정성은 일상적으로 사랑받는 사소한 습관에서 형성된다. 대등하고 따뜻한 관계를 꿈꾸기에 반 아이들과 주고받는 인사는 "사랑합니다."이다.

조회·종례 때뿐만이 아니다. 학급 행사가 있는 오후면 그곳이 청계천이건 북한산 둘레길이건 아랑곳없이 헤어질 때마다 반 아이들과 함께 광장이 떠나가라 사랑한다고 외친다. 그 인사를 나눌 때 기분을 무엇이라 표현하면 좋을까? 이상하게도 아이들이 건네는 "사랑합니다."라는 인사말 속에는 교사인 내가 누구인지, 내가 무엇인지 새삼 자각하게 하는 가슴 뭉클함이 있다. 늘 사랑하고 사랑받는다는 즐거운 착각에 빠지는 것이다.

재미있는 것은 이러한 담임교사와 학생들의 인사를 지켜보는 이들이 모두 같은 방법으로 인사하게 되더라는 사실이다. 교육실습을 나온 교생들도, 학부모 총회나 수업 참관에 온 학부모들도 헤어질 때마다 "사랑합니다."라고 말한다. "사랑한다."라는 말이 저 홀로 퍼뜨리는 전염성이 아닐까?

2) 사소하지만 따뜻한 포옹

매주 하루를 정해 '허그 종례'를 한다. 결핍되어 보이는 아이들이

유독 많아 시작한 일이었다. 엉덩이를 빼거나 어깨에 힘주는 녀석 하나 없이 담임교사를 두 팔 벌려 안는 아이들을 느낄 때마다 '도대체 이 아이들은 어디에서 나와 지금 내 앞에 있는 것일까?' 하고 형언할 수 없는 행복감을 느낀다. 그저 아이들 한 명 한 명을 따뜻하게 안아 주고 싶어 시작한 일이었는데, 어느 날 문득 멈춰서 돌아보니 오히려 아이들이 담임교사를 꼭 안아 주고 있었다.

허그의 힘을 실감한 적이 있다. 지휘(가명)는 성적이 최하위권인 데다 학교생활에 재미를 붙이지 못해 생활지도부를 들락거리던 이른바 문제아였는데, 생활지도 곤란 학생으로 특별히 우리 반에 맡겨졌다. 그 후 지휘에게 온갖 애교를 부리며 끝내 손가락을 걸어 약속을 받아 냈다. 교정 어디에서건 담임교사와 마주치면 하루에 몇 번씩이라도 안아 주고 가기로.

처음에는 교사가 지휘의 이름을 크게 부르며 달려가 일방적으로 안아 달라고 떼썼지만, 어느새 지휘는 서슴없이 교사를 안아 주는 아이가 되었다. 놀라운 것은 그렇게 한 달이 흐르자 지휘에게 나타난 변화였다. 사고 지각도 하지 않고 뭐든 먹을 게 생기면 꼭 담임교사 입에 먼저 넣어 주었다. 거친 기색이 점차 엷어지면서 지휘의 얼굴은 열여섯 살다운 표정으로 변하고 있었다. 이처럼 허그의 행위는 사소하지만 그 힘이 굉장하다.

마음과 마음을 잇는 연결 고리

첫 만남은 당연히 어색하다. 서로 모르고 지내던 아이들이 일 년간 한 교실에 묶여서 생활한다. 매일 만나기만 한다고 해서 소통이 절로 이루어지지는 않는다. 같은 공간에 있지만 말 한마디 나누지 않거나 눈 한 번 안 맞추고 일 년을 보내는 아이들도 있다. 학생들이 친구의 사소하고 일상적인 부분에 대해서 애정과 관심을 기울이며 바라보고 공감해야만 소통이 이루어진다. 학급 활동으로 서로 다양한 삶을 이해하는 시간을 마련하는 것은 어떨까? 지금 바로 옆에 있는 친구와 담임교사부터 소통을 시작하는 것이다.

1) 자리 배치를 활용한 소통 만들기

"몰랐는데 ○○랑 짝을 해 보고 이야기를 나누었더니 마음이 잘 맞더라고요."

"선생님, 신기하게도 A형 친구들은 지각을 잘 안 하고 숙제를 잘 해 와요. 왜일까요?"

자리를 바꾸는 날은 어느 학급이나 시끌벅적하다. 누구와 짝이 되고 어떤 친구가 주변에 앉느냐가 한 달 동안 삶의 질을 결정하기 때문이다. 멀쩡히 잘 지내다가도 새롭게 짝이 된 친구와 어색해서 학교생활이 불편하다고 이야기하는 학생들도 있다. 학생 개개인뿐만 아니라 학급 분위기에도 중요한 문제이다.

일단 학생들의 성격 유형을 나누고, 서로 다른 유형과 짝이 되도록 한다. 학생들에게 자기 성격을 '산, 들, 바다, 하늘' 중 하나를 정하라고 해서 분류하든지, 학기 초 학교에서 실시하는 심리검사 결과를 활용해서 자리를 정하기도 한다. 혈액형으로 분류해 자리를 정하는 방법도 있다. 과학적으로 혈액형은 성격과 전혀 상관없다지만, 학생들의 관심도가 높은 편이고 네 가지 유형으로 나뉘어 있어 활용하기 좋다.

자리 배치 후 학습활동에 소극적이거나 방해하는 학생이 있을 때는 '사방팔방 메아리'라는 규칙을 활용한다. 한 학생이 자거나 떠들면 양옆, 앞뒤, 대각선 앞뒤에 앉은 친구들이 다독이고 독려하는 것이다. 사방팔방에서 모두가 모두에게 관심을 기울이고, 함께 도움을 주고받을 수 있는 방법이다.

2) 일상과 생각을 공유하기

요즘은 소셜네트워크서비스SNS를 워낙 활발히 이용하기 때문에 학기 중 쉬는 날이나 방학에도 서로의 안부를 자연스럽게 주고받을 수 있다. 온라인에 우리 반만의 공간이 있다면 일상을 공유하는 데 활용하기 좋다. 특히 학생들의 참여도가 가장 높은 날은 선거일이다. 선거일 전날 부모와 함께 투표장을 방문하고 투표장 앞에서 소위 인증샷을 찍어 보내게 한다. 학생들이 선거일은 단순히 쉬는 날이 아니라 시민이 투표하는 날임을 인지하고 간접적으로 참여할 수 있다. 부모의 투표 참여를 독려하고 투표장 앞에서 찍은 사진을 학급 온라인

투표 인증샷(왼쪽)과 세계 이슈 생각 나눔(오른쪽)

공간 '클래스팅•' 등을 통해 공유한다.

온라인뿐만 아니라 학급 게시판을 활용해 생각을 교환할 수도 있다. 예를 들어 학생들이 함께 생각하고 이야기를 나누면 좋을 사회적·세계적 이슈에 대한 질문을 게시판에 게시하고, 각자 자기 생각을 자유롭게 쓸 수 있도록 한다. 학교 바깥에서 일어나는 일에 대해 의견과 생각을 나누다 보면, 서로의 다양한 가치관과 삶을 들여다볼 수 있다.

• 모바일 애플리케이션과 인터넷 사이트에서 사용할 수 있는 교육용 네트워크 서비스로, 학급 소통에 활용할 수 있다.

3) 꼬리에 꼬리를 무는 도움 주기

유정이는 맨육(맨유를 본떠 만든 6반 축구 팀 이름)의 일명 메시였다. 대개 여자 축구 경기는 우르르 공을 몰고 다니다가 어영부영 골을 넣는 경우가 많은데 유정이는 독보적인 볼 플레이를 펼쳤다. 남자아이의 축구화를 빌려 신고 운동장을 누비는 유정이에게 모두의 환호가 쏟아졌다. 맨육의 메시는 '모두가 멘토 멘티'라는 활동으로 나온 결과물이다. 예를 들어 송희는 혁인이에게 수학을, 혁인이는 건우에게 기타를, 건우는 유정이에게 축구를, 유정이는 세현이에게 청소 방법을 가르쳐 주는 등 꼬리에 꼬리를 무는 '도움 주고받기' 활동이다.

각 학생이 가진 특기를 활용해서 서로 배우고 가르치는 '모두가 멘토 멘티'는 각자 잘할 수 있는 일로 연결 고리를 만드는 시간이다. 처음에는 인위적으로 교과 중심의 멘토 멘티 활동을 진행했는데, 어느 순간 학생들이 스스로 나서더니 서로에게 배우고 가르치는 관계가 형성되었다. 특정 과목을 잘하는 친구가 해당 과목 학습에 어려움을 겪는 친구에게 학습법이나 문제 풀이 방법을 공유하는 등 교사가 줄 수 없는 세밀한 도움이 오간다.

학교·학급 행사에 따라 학생들이 필요하면 운동, 악기, 컴퓨터 활용법 등과 관련한 팁을 주고받는 시간으로 활용하기도 한다. 담임교사 혼자서는 만들지 못할 결과가 소통의 연결 고리를 타고 나타난다.

■ 멘토링 안내문

스스로 서고 더불어 사는 우리 반 멘토링

1. 학급 멘토링이란, 도움이 필요한 사람(멘티)**과 도움을 주는 사람**(멘토)**이 궁극적으로 서로 협력하여 함께 성장하며 공동체의 목표를 달성해 가는 상호 협력 체계이다.**

2. 성공적인 학급 멘토링을 위해 가져야 할 자세

- 한 사람 한 사람의 장점을 잘 파악하여 '누구나 잘하는 게 있고 누구나 부족한 게 있다.'라는 것을 스스로 받아들여야 한다.
- 멘토링을 서로 연결하기도 하고 필요하면 자신이 멘토링을 요청하기도 해야 한다.

3. 학급 멘토링이 성공하기 위해 세심히 주의를 기울여야 할 것들

- 멘토링은 수평적 관계에 바탕을 둔 공동 성장의 방법이며, 우열을 가리는 것으로 오해되거나 변질되지 않게 계속 세심하게 주의를 기울여야 한다.
- 공감적 대화법과 긍정적 대화법을 사용해야 한다.

4. 멘토링 내용에는 제한이 없다.

때론 내가 멘토 때론 내가 멘티!
때론 네가 멘토 때론 네가 멘티!

<table>
<tr><td rowspan="2">도움</td><td colspan="2">구체적인 멘토 멘티 활동 내용을 계획해 보자!</td></tr>
<tr><td>(　　　　)가 (　　　　)에게</td><td>(　　　　)가 (　　　　)에게</td></tr>
<tr><td>주고
받고</td><td></td><td></td></tr>
</table>

학급과 학교를 연결하는 목소리

이상적인 학급은 하늘에서 뚝 떨어지는 별이 아니다. 우리 반만 잘 운영한다고 해서 반 학생들의 학교생활이 모두 원만해지지는 않는다. 학생들이 학교의 한 구성원으로서 자기 의견을 제시하고 모으면 실제로 이를 학급과 학교 운영에 반영해야 한다. 그런데 학생 개개인은 언제 어떻게 자기 의견을 표현하고 참여해야 하는지 몰라 어려움을 겪는다. 대부분 담임교사에게 퍼붓듯이 불만과 투정을 쏟아내거나 부모를 통해 민원으로 처리하려고 한다.

학급이 학생 개개인의 생각과 의견을 원활하게 반영하고, 학교에서 학급의 고민과 합의를 수용해야 소통이 이루어진 것이다. 담임교사 혼자 모든 의견을 받아서 전달하기보다 학생 간에 생각과 정보를 교류하고, 절차를 통해 의견을 원만하게 반영할 수 있는 학급 활동은 무엇이 있을까?

1) 학급 회의와 학교생활 의견함 활용하기

학생들이 학급·학교생활에서 불편하게 생각하는 문제 중 일부분은 학생들 스스로 해결할 수 있다. 보통 담임교사가 학생들의 의견을 수렴하고 필요한 사항을 처리하지만, 스스로 문제를 발견하고 해결할 수 있는 부분은 학생들이 직접 처리하도록 돕자.

예를 들어 학급 내 지각 문제나 1인 1역 부담, 청소나 주번 활동

미비로 인한 환경 문제 등은 학급 내 문제이므로 학생들이 해결책을 찾아 실천하도록 한다. 학급 회의를 통해 문제를 제기한 뒤 방법을 모색하고, 실천을 약속하고, 함께 해결하려고 노력해야 한다는 생각을 나눈다. 학급 회의에서 합의한 내용을 같이 행동으로 옮기고 문제를 원만하게 극복하는 경험은 역동적인 교실 분위기를 만들어 낸다. 아울러 어려움과 갈등이 생겼을 때 모두 같이 해결할 수 있다는 학급 자존감도 높인다.

이때 학급 대표가 관리하는 '학교생활 의견함'을 활용하면 효과적이다. 학교생활 의견함은 학교생활에 대한 갖가지 의견을 모으는 도구로, 교실 공간과 친구들의 삶에 좀 더 관심을 기울이며 학급 스스로 문제를 해결하고 바꿔 나가는 계기를 마련한다.

간혹 학급 내에서 해결하기 어려운 경우가 생기면, 일단 학급에서 의견을 모으도록 안내한다. 그 후 학급 대표가 학생회나 담당 교사에

학급 회의로 의견을 모으는 아이들(왼쪽)과 학교생활 의견함(오른쪽)

게 타당하고 논리적으로 의견을 제시하고, 개선점을 제안하도록 연결한다. 학교생활에서 발생하는 문제는 단기간에 직접적으로 해결하기 어려운 경우가 많다. 하지만 학교의 다양한 문제를 함께 이야기할 수 있는 장을 마련하면, 같이 해결하기 위해 논의하고 노력한 점이 소통의 실마리가 되어 준다.

2) 학급 대표단 활용하기

학급 대표와 대표는 되지 못했지만 학급 구성원의 신뢰를 받는 학생들을 추천받아 학급 대표단을 꾸린다. 학급 대표단은 학급 친구들의 생각과 감정을 귀 기울여 듣고 담임교사와 학교에 전달 사항이 있을 때 심의·의결을 하는 모임이다.

학급 활동에서 협의해야 할 사항이 많을 때, 사안의 중요성이나 문제 해결의 우선순위를 정해야 할 때, 심도 있는 대화가 필요할 때 학급 대표단이 나서서 담임교사와 이야기를 나눈다. 이와 더불어 담임교사가 학급 활동에서 어려움을 느끼거나 궁금한 점이 생길 때 함께 모여 고민을 나누고, 해결 방안을 모색하는 데 도움을 주고받는다.

긍정 에너지와 소통력 키우기

1. 학급 학생들 내면의 긍정성을 높일 수 있는 선생님만의 방법은 무엇이 있을까요?

2. 학생들이 생각을 표현하게 하는 활동과 그에 맞는 수단은 무엇이 있을까요?

3. 교실을 넘어 학생들의 생각과 의견을 학교 활동에 반영할 수 있을까요? 학급 생활과 학교생활을 긴밀하게 연결할 방법은 무엇일까요?

3

생각을 키우고 마음을 나누는 교실

학교생활을 돌아보는 생활 일기장

다채로운 학급·학교 활동에는 이를 만든 교사들의 목표와 의도가 담겨 있다. 이러한 활동은 학생들의 몸과 마음에 쏙쏙 박혀 성장의 자양분이 될 때 비로소 의미를 띤다. 학급 활동을 통해 담임교사가 구현하고자 하는 가치가 학생들에게 어떤 방식으로 전달되었고, 그들이 어떻게 해석하여 자기 삶으로 받아들였는지가 중요한 것이다. 학급 활동을 마무리하며 쓰는 '생활 일기장'도 이를 위한 활동이다.

1) 학교생활 기억을 차곡차곡 쌓기

생활 일기장은 한 달에 한두 번 학교행사나 학급 활동을 마친 후에 아침 시간을 활용해 작성한다. 글쓰기를 좋아하는 학생들은 자주 활용하도록 항상 비치해 두고, 비정기적으로 사용하며 글쓰기를 어려워하는 학생들은 그림으로도 표현할 수 있게 한다. 학생들은 글쓰기를 통해 학급 활동에서 자신이 어떤 느낌과 생각을 떠올렸고, 어떤 변화가 일어났는지 세밀하게 살펴볼 수 있다.

■ **생활 일기장 '오늘의 글쓰기 주제' 예시**

내가 제일 좋아하는 것
내가 제일 좋아하는 것에 대한 글을 써 보자. 좋아하는 사람, 노래, 아이돌, 색깔, 계절, 음식, 책 등등 뭐든지 내가 좋아하는 것 하나를 정해서 왜 좋아하는지, 언제부터 좋아하는지, 좋아하는 마음을 표현하기 위해 노력하고 있는 것은 무엇인지 자유롭게 표현하자!

20년 후 나에게 편지 쓰기
20년 후에 나는 어떤 모습으로, 어떤 직업을 가지고 생활하고 있을까? 나는 어떤 가족을 구성해서 어떤 집, 동네, 나라, 사람들과 함께 살고 있을까? 20년 후의 나에게 편지를 써 보자!

사물의 일기
내가 가지고 있는 사물의 입장에서 나를 바라보았을 때 어떤 생각을 가지고 있을지 상상하여 글을 써 보자. 내가 가진 물건 중 가장 소중한 것도 좋고, 별 의미 없는 물건도 상관없다. 주체와 객체의 치환! 사물의 일기를 써 보자.

학교 축제를 마치고
첫 학교 축제에 대한 느낌은 어땠니? 다양한 동아리의 부스 운영부터 학생회로서 직접 발로 뛴 이야기까지…… 네가 함께한 시간을 들려줘.

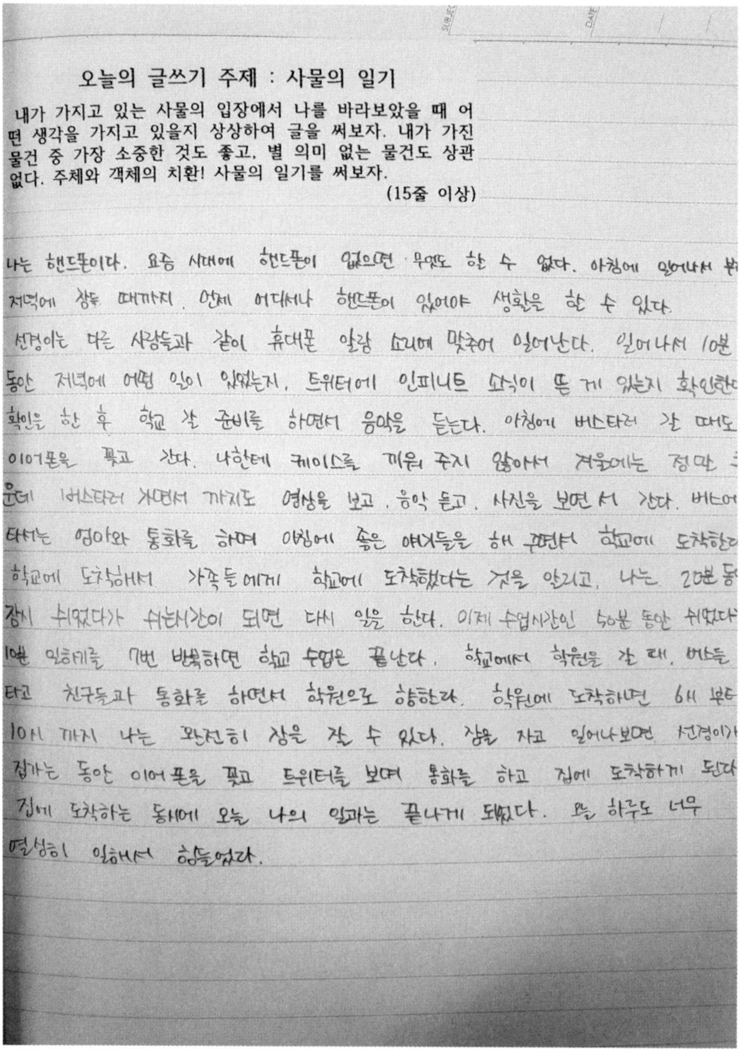
오늘의 글쓰기 주제 : 사물의 일기

내가 가지고 있는 사물의 입장에서 나를 바라보았을 때 어떤 생각을 가지고 있을지 상상하여 글을 써보자. 내가 가진 물건 중 가장 소중한 것도 좋고, 별 의미 없는 물건도 상관없다. 주체와 객체의 치환! 사물의 일기를 써보자.

(15줄 이상)

나는 핸드폰이다. 요즘 시대에 핸드폰이 없으면 무엇도 할 수 없다. 아침에 일어나서 부터
저녁에 잠들 때까지. 언제 어디서나 핸드폰이 있어야 생활을 할 수 있다.
선경이는 다른 사람들과 같이 휴대폰 알람 소리에 맞추어 일어난다. 일어나서 10분
동안 저녁에 어떤 일이 있었는지, 트위터에 인피니트 소식이 뜬 게 있는지 확인한다
확인을 한 후 학교 갈 준비를 하면서 음악을 듣는다. 아침에 버스타러 갈 때도
이어폰을 꽂고 간다. 나한테 케이스를 끼워 주지 않아서 겨울에는 정말 추
운데 버스타러 가면서 까지도 영상을 보고, 음악 듣고, 사진을 보면서 간다. 버스에
타서는 엄마와 통화를 하며 아침에 좋은 얘기들을 해 주면서 학교에 도착한다
학교에 도착해서 가족들에게 학교에 도착했다는 것을 알리고, 나는 20분 동
잠시 쉬었다가 쉬는시간이 되면 다시 일을 한다. 이제 수업시간인 50분 동안 쉬었다
10분 일하기를 7번 반복하면 학교 수업은 끝난다. 학교에서 학원을 갈 때, 버스를
타고 친구들과 통화를 하면서 학원으로 향한다. 학원에 도착하면 6시 부터
10시 까지 나는 완전히 잠을 잘 수 있다. 잠을 자고 일어나보면 선경이가
집가는 동안 이어폰을 꽂고 트위터를 보며 통화를 하고 집에 도착하게 된다
집에 도착하는 동시에 오늘 나의 일과는 끝나게 되었다. 오늘 하루도 너무
열심히 일해서 힘들었다.

'사물의 일기'를 주제로 쓴 생활 일기장

보통 학생들은 직접 손으로 쓰는 글쓰기를 어렵게 느낀다. 주로 SNS에서 짧은 글쓰기를 해 왔기 때문에 공책 한 면을 채우는 일을 곤혹스러워한다. 삐뚤빼뚤한 글씨에 개연성이 없고, 그저 그날 무엇을 했고 기분이 어떠했는지 등 짤막한 소감 정도로 끝나는 글이 많다. 그렇다 해도 학급 활동을 마무리하는 글쓰기는 학교생활의 의미를 되짚게 한다. 자기 말과 행동을 되돌아보면서 일상 속의 전후 관계를 살피고, 학급 친구들과 함께 만든 결과가 앞으로 자신에게 어떤 자양분이 될지 고민하는 시간이 되기 때문이다.

담임교사는 학생들이 생각하고 느낀 점을 활용하여 학교생활기록부에 반영할 수도 있다. 학생들이 자율 활동, 봉사 활동, 동아리 활동 등에서 배운 점을 틈틈이 기록으로 남기기 때문에 학생별 특성을 살려 관련 기록을 정리하면 된다.

2) 모두의 기억을 합한 문집 만들기

기록은 흘려버리기 쉬운 시간을 기억에 붙잡아 두는 힘을 가지고 있다. 학생 한 명 한 명의 글을 모으면 학급 기록이 된다. 서툴고 무딘 글일지라도 묶으면 추억이 된다. 이 추억을 학년 말에 모아 하나의 문집으로 만들자. 평소 사진 도우미에게 사진 기록을 맡기고 클래스팅에 사진을 공유한다. 풍성하게 쌓여 있는 글과 사진을 문집으로 묶는 것은 그리 어렵지 않다. 식어 버린 기록이 아니라 감정과 생각이 살아 있는 기록으로 추억을 새롭게 엮을 수 있다.

■ **학급 문집 목차 예시**

생각을 길어 올리는 온라인 이벤트

요즘 청소년들은 타이핑으로 말한다. 입으로 꺼내기 어려운 이야기도 자판을 두드려 컴퓨터나 스마트폰 화면으로 전달한다. 화면을 마주하고 자기 생각을 표현하는 것이 더 자연스럽고 편안한 시대가 되었다. 그래서 학생들의 이야기를 끌어낼 '장'을 인터넷 공간에 열어 놓는 것은 소통 수단의 다양화 측면에서 뜻깊다.

또 온라인 공간은 기록과 저장, 공유가 편리해서 담임교사가 처음에 틀을 잘 잡아 놓으면 일 년 동안 유용하게 활용할 수 있다. 직접 홈페이지를 만들어도 되지만, 포털 사이트의 블로그나 카페, 밴드, 클래스팅 같은 애플리케이션을 활용하면 쉽고 간단하게 시작해서 운영할 수 있다.

1) 자기 생각을 자유롭게 표현하기

온라인 이벤트는 학생들의 생각을 길어 올리는 활동이다. 담임교사가 생각을 키울 만한 소재로 공모 주제를 알리면, 학생들은 게시판에 자유롭게 자기 생각을 풀어낸다. 생각을 글로 표현하면서 자기 삶을 객관적으로 바라보는 계기가 된다. 담임교사가 심사평을 하고 우수작을 선정하여 학생들의 참여 의욕을 높인다. 아울러 학생들이 글로 표현한 자기 생각에 자긍심을 가지도록 추수 지도를 한다. 글쓰기를 통해 아이들은 서로의 생각을 들여다보고 자존감과 제 삶에 대한 책무감을 키운다.

학생들이 올리는 글을 살펴보면, 담임교사의 기대보다 더 재치 있고 감동적인 답변이 많다. 예를 들어 5월 스승의 날을 맞아 학생들에게 '사제지간'을 각자 정의해 보자고 제안했다. 아이들은 선생과 제자의 관계에 대해 각자 생각한 의미를 써 올렸고, 그 내용은 거꾸로 내게 교사라는 자리에 대해 다시 생각하게 했다.

■ **온라인 이벤트 심사평**

5월 이벤트 — '사제지간'이란?

김한솔

If I'm the music 내가 음악이라면

You're my lyrics 당신은 나의 가사야

담임의 심사평

한솔이의 정의를 만난 순간, 샘은 오래도록 꼼짝도 할 수 없었음을 고백한다. 사제지간을 단순한 인연이 아니라 生에서 어떤 순간의 '운명'이라고 믿는 샘으로서는 그의 노래 마지막 두 줄을 잊지 못할 것 같다.
샘을 교사로서 교사답게 살게 하는 힘, 바로 한솔이같이 생각하는 제자들이 있다는 것!

2) 서로의 이야기에 힘을 주는 댓글 달기

소통은 서로의 생각을 주고받는 일이다. 온라인 게시판은 모두가 함께 이용하는 공간이므로 '나눔'을 전제로 하지만, 글에 대한 반응도 자유롭게 표현할 수 있게 해야 한다. 글 쓴 학생은 자기 글에 대해 다양한 반응을 볼 수 있다는 데 재미를 느껴 더 활발히 참여할 동력을 얻는다. 댓글을 단 학생은 친구 글에 대한 자기 생각은 물론 말로 전하기 쑥스러운 격려나 칭찬도 글로 남겨 전달할 수 있다. 개인적인 SNS 공간이 아니다 보니 아이들은 대부분 가능한 한 예의를 지켜 사용한다.

담임교사는 학생끼리 주고받는 댓글을 읽으며 자연스럽게 그들

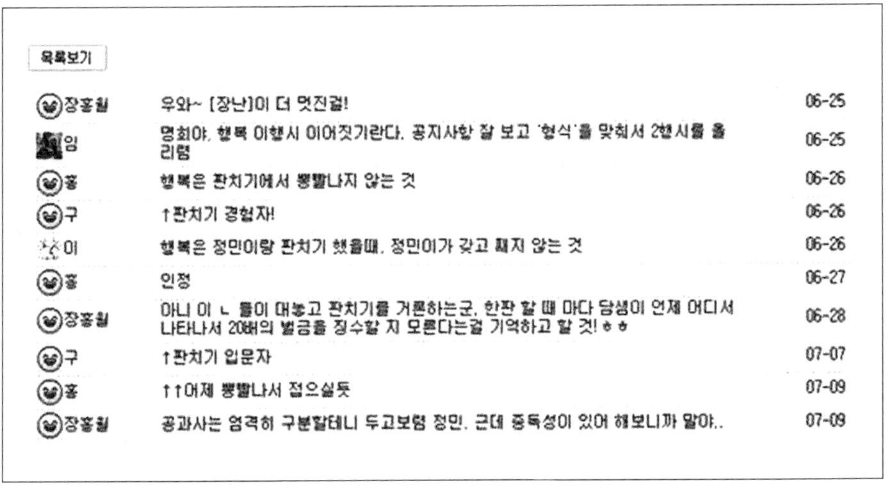

목록보기

장홍철	우와~ [장난]이 더 멋진걸!	06-25
임	명회야. 행복 이행시 이어짓기란다. 공지사항 잘 보고 '형식'을 맞춰서 2행시를 올리렴	06-25
홍	행복은 판치기에서 뽕빨나지 않는 것	06-26
구	↑판치기 경험자!	06-26
이	행복은 정민이랑 판치기 했을때. 정민이가 갖고 째지 않는 것	06-26
홍	인정	06-27
장홍철	아니 이 ㄴ 들이 대놓고 판치기를 거론하는군. 한판 할 때 마다 담생이 언제 어디서 나타나서 20배의 벌금을 징수할 지 모른다는걸 기억하고 할 것! ㅎㅎ	06-28
구	↑판치기 입문자	07-07
홍	↑↑어제 뽕빨나서 접으실듯	07-09
장홍철	공과사는 엄격히 구분할테니 두고보렴 정민. 근데 중독성이 있어 해보니까 말야..	07-09

교사와 학생이 생각을 주고받는 온라인 게시판

의 사소한 일상이나 관심사를 엿볼 수 있다. 주제와 전혀 관련 없는 댓글이라 하더라도 학생들이 최근 가장 관심을 기울이는 이야기가 흘러나오게 마련이다. 담임교사도 댓글 달기에 동참하여 모두가 참여하는 분위기를 만들어 보자. 필요하다면 직접 얼굴을 보고 이야기를 나눌 만한 소재를 찾아도 좋다.

학교생활을 기록하고 나누는 글쓰기

학창 시절 서로 사정을 잘 몰랐던 모둠 친구 한 명이 모둠 일기에 남긴, 가출한 언니의 피아노 이야기를 읽고 가슴이 아린 경험이 있다. 이처럼 모둠 일기에는 선뜻 말로 꺼내기 힘든 마음속 이야기가 배어 나오기도 한다. 모둠 일기와 학급 나눔 일기는 학생들이 감춰 둔 속내를 자연스럽게 드러낼 수 있는 활동으로 담임교사가 활용하기 좋은 매개체가 된다. '함께' 기록하는 일을 통해 반 친구들과 같이한 시간을 나누고, 서로 알지 못했던 모습을 새롭게 볼 수 있다.

1) 진솔하고 따뜻한 모둠 일기

모둠 일기는 학기 초 학급 활동을 위해 짠 모둠원 4~5명이 돌아가면서 일기를 쓰는 활동이다. 요일을 정해서 해당 일에 지정된 학생이 생활 속에서 겪은 일을 자유로운 주제로 쓰기도 하고, 한 주제를 가지고 학생들이 꼬리를 물어 연속으로 쓰기도 한다. 학생들은 모둠 일기를 통해 서로의 일상이나 생각을 들여다보며 친구의 삶을 이해하는 기회를 얻는다.

물론 처음에는 친밀도가 낮아 주로 일상을 단순히 나열하기만 하는 서술을 한다. 하지만 친밀도가 높아지고 모둠 내 관계가 잘 형성되면, 평소 다른 곳에서 말하지 못한 속 깊은 집안 사정이나 친구 관계에서의 어려움, 학교 활동 시 겪은 즐거움이나 불편함을 토로하는 장이 된다.

모둠 일기의 양과 질은 학급과 모둠 분위기에 따라 결정된다. 모둠 일기 활동을 시작하기에 앞서 학생들과 이 활동의 의미와 가치에 대해 생각을 나누고, 진솔하고 따뜻한 글로 서로를 다독일 수 있는 분위기를 먼저 만들어야 한다.

담임교사의 관심과 독려는 모둠 일기 활동에 영향을 미친다. 하루에 한 번씩 코멘트를 달아 모든 아이의 일기를 챙기면 좋지만, 일정상 어렵다면 정해진 요일과 날짜에 코멘트를 달면 된다. 무엇보다 학생들과 글을 나누며 교감하는 것이 중요하다. 모든 일기를 챙겨야 한다는 부담감으로 시작하지도 못하거나 중도에 포기하는 것보다는 교사가 해낼 수 있는 속도를 정해 꾸준히 챙기는 편이 더 효과적이고 의미가 있다.

2) 간단하고 가벼운 학급 나눔 일기

모둠 일기는 사실 학생마다 글쓰기 편차가 크고 담임교사의 손품이 많이 가는 활동이다. 하루의 학교생활을 나눌 수 있는 간단한 방법은 없을까? 학급 나눔 일기는 번호순대로 일주일씩 우리 학급에서 일어난 일상적인 일과 인상적인 친구들의 모습을 기록하는 활동이다. 그리고 조회나 종례 시간에 친구들 앞에서 소개하게 한다. 작은 메모장이나 공책에 오늘의 일을 쓰는 공간과 학생들이 꾸미는 공간을 나누어 학생들 스스로 학교 일상을 기록하고 서로 나눌 수 있도록 돕는다.•

학급 학생들과 함께 만든 기록

• (사)행복한교육실천모임에서 활용하는 『학급 소통 일지 - 나눔터』는 조회 종례·시간, 수업 시간, 오늘의 이야기 등으로 깔끔하게 구성되어 있어 활용하기 편리하다. 일반 공책 대신 이러한 양질의 자료를 활용하는 것도 좋은 방법이다.

학생들의 생각과 감성 키우기

1. 반 학생들의 생각을 키우기 위한 선생님만의 방법은 무엇인가요?

2. 반 학생들의 긍정적인 감정을 이끌어 내는 활동과 노력에는 어떤 것이 있을까요?

3. 일 년 동안 반 학생들과의 추억을 기록하는 데 쓰고 싶은 방법과 그 방법을 선택한 이유는 무엇인가요?(예: 학급 문집, 학급 영상, SNS, 모둠 일기, 학급일지 등)

3부

마음을 나누고 서로의 디딤돌이 되다

아이들의 웃음소리가 들린다. 웃음 너머에 따스함이 서려 있다. 시간이 지날수록 아이들 간에 서로를 배려하는 눈빛이, 화합하고 포용하는 행동이 배어 나온다. 반 학생들과 이제 손발이 잘 맞는다는 느낌이 들 때 담임교사는 이들과 계속 같이하면 좋겠다고 생각한다.

'우리'라는 공동체 의식은 학급 구성원의 행복과 밀접하다. 학생들에게서 '우리 반', '우리 선생님'이라는 말이 자연스레 나올 때, 즉 학급에 공동체 감수성이 자리할 때 담임교사의 자존감은 높아지고 학생들의 안정감과 즐거움이 자라나기 때문이다. 담임교사는 학생들에게서 이 같은 심리적 보상을 받아야만 고된 업무를 견딜 내적인 힘을 얻는다. 따라서 교실 내 공동체 감수성의 유무는 담임교사의 자존감과 직결되는 문제라고 할 수 있다.

공동체 감수성의 중요성은 아무리 강조해도 지나치지 않다. 이때 경계해야 할 것은 무언가를 성급하게 가르치려는 교사의 마음이다. 학생들은 교사의 반복되는 잔소리를 끔찍이 싫어한다. 잔소리보다 더 싫어하는 것은 옳은 소리이다. 직원회의 시간에 잔소리와 옳은 소리로 점철된 학교장의 말을 귀담아듣는 교사가 얼마나 되는지를 떠올려 보면, 아이들의 마음을 쉽게 이해할 수 있을 것이다.

2부에서 소개한 생텍쥐페리의 말을 기억하는가?

"배를 건조하고 싶으면, 사람들에게 나무를 모아 오고 연장을 준비하라고 하는 대신 그들에게 끝없이 바다에 대한 그리움을 불러일으켜라!"

고기를 잡아 주지 말고 고기 잡는 법을 가르쳐 주라는 말도 이제는 옛말이다. 생텍쥐페리의 말처럼 굳이 가르치지 않아도 아이들에게 바다에 대한 열망을 가지게 하면 고기 잡는 법을 저절로 습득한다는 점을 기억하자. 아이들이 공감 능력과 따뜻한 인성을 키우도록 돕고 싶다면, 사사건건 옳고 그름을 판단하는 습관을 가장 먼저 버려야 한다. 그 대신 학급 행사에 참여하고 싶다는 열망과 자발성을 느끼게 해야 한다.

'우리'라는 자각과 공동체 감수성이 있는 교실은 훈계와 강요로 이루어지는 것이 아니다. 공동체의 행복에 기여할 때 개인의 행복이 더 커지는 경험을 할 수 있는 장을 만들고, 다양한 판을 깔아야 비로소 가능해진다. 학생들을 체험과 공감의 기회에 자연스럽게 노출하고 신나는 공동체 놀이 시간을 만들어야 한다. 이러한 공간과 시간 속에서 아이들 내면의 자율 의지와 도덕성을 끌어올릴 때 공동체 교실의 싹을 틔울 수 있다.

3부에서는 학생들의 공동체 감수성을 높이고, 서로 도우며 성장하는 교실의 희망을 보여 주는 다양한 학급 행사와 진행 방법을 구체적으로 만나 본다.

1

공동체 교실을 위한 준비

제각각인 아이들을 하나의 공동체로

『손자병법』에 "지피지기 백전불태知彼知己 百戰不殆"라는 말이 나온다. '상대를 알고 나를 알면 백 번 싸워도 위태롭지 않음'을 뜻한다. 담임교사 역시 학생들과 자기 자신을 잘 알아야만 교실에 들어가는 두려움을 없앨 수 있다. 그리고 공동체 감수성이 살아 있는 교실을 만들려면 먼저 학생들을 알아야 한다.

1) 교사가 만나는 학생들

교사라면 좋든 싫든 학급에서 다음 네 가지 유형의 학생을 만나게 된다.

■ **네 가지 학생 유형•**

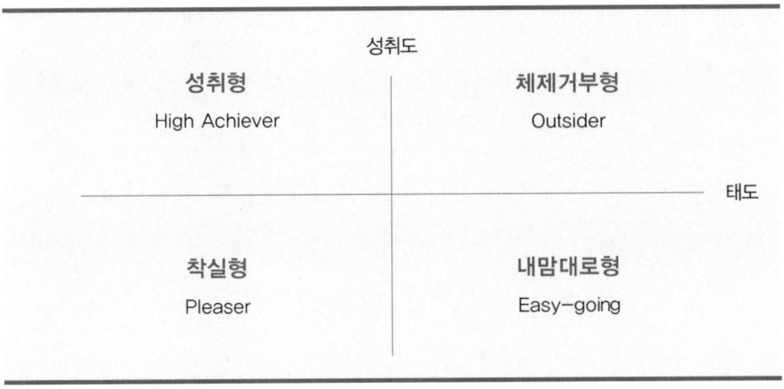

먼저 '성취형' 학생이 있다. 학습 능력이 있고, 생활 태도가 긍정적이고, 교사에게 두루 인정받으며, 많은 것을 성취한다. 안타깝게도 우리나라 교육 현장에서는 대다수 아이가 성취형 학생들의 들러리처럼 존재하는 것이 현실이다.

다음으로 학습 능력을 갖췄지만 정서나 태도가 삐딱한 '체제거부형' 학생이 있다. 학습 능력이 문제없어도 배려나 공감 능력이 부족

• 조벽·최성애 교수는 『이민가지 않고도 우리 자녀 인재로 키울 수 있다』(해냄, 2008)에서 학습 능력(세로축)과 성실하게 노력하는 태도(가로축)를 기준 삼아 학생을 크게 네 부류로 분류한다.

한 학생을 보면 이따금 걱정된다. 교사를 가장 힘들게 하는 아이들이기도 하다.

그런가 하면 학습 능력은 부족하더라도 생활 태도가 바르고 성실한 학생, 즉 '착실형' 학생이 있다. 성취형 학생이 수업을 원활하게 이끌도록 만든다면, 착실형 학생은 담임교사 업무를 해내도록 힘을 준다. 학교 폭력이나 왕따 문제가 생겼을 때 피해자가 될 가능성이 큰 것도 바로 이 아이들이다. 교사는 이들에게 본능적으로 연민을 느낀다.

마지막으로 '내맘대로형' 학생이 있다. 학습 능력과 의욕이 없고 생활 태도도 전혀 다듬어지지 않았기에 한마디로 골치를 썩이는 아이들이다. 자기 행동이 가져올 결과에 대한 생각 없이 행동부터 앞서는 아이가 여기에 속한다. 교실 폭력은 내맘대로형과 체제거부형 학생들이 학급 내 주도권을 장악한 결과인 때가 많다.

2) '희망'을 만드는 일

내 학급에 성취형이나 착실형 학생이 많기를 바라고, 내맘대로형이나 체제거부형 학생이 몰릴까 두려워하는 것은 교사들의 인지상정이다. 그러나 슬프게도 성취형 학생은 교사를 그다지 필요로 하지 않는다. 자가발전 동력을 갖춘 성취형 학생은 어떤 교사를 만나건 그 환경에 적응하여 자기 발현하고 인정받기 때문이다. 그러므로 교사의 영향력이 별반 크지 않다.

정말로 교사가 필요한 학생은 나머지 세 부류이다. 교사가 존재하는 이유가 우리가 피하고 싶은 학생들이라는 것, 이것이 바로 교직의 딜레마이다.

그렇다고 암울하게만 생각할 필요는 없다. 네 가지 유형을 일컫는 영어 단어의 앞 글자를 합하면 어떤 단어가 될까?

High Achiever	**O**utsider
Pleaser	**E**asy-going

HOPE, 바로 '희망'이다. 담임교사란 무엇인지, 어떻게 존재해야 하는지 자문하자. 도무지 어울릴 것 같지 않은 낱낱의 재료(성취형, 체제 거부형, 착실형, 내맘대로형)를 맛깔스럽게 한 그릇에 버무려 내는 일, 이것이 담임교사의 존재 이유가 아닐까? 물론 녹록지 않은 일이다.

앞서 말했듯이 담임교사가 갖춰야 할 소양의 으뜸은 무조건적 헌신이나 희생이 아니라 교육적 기술Tect이다. 제각각인 아이들을 하나의 공동체로 만드는 일 역시 마찬가지이다.

이제 학급의 공동체 감수성을 키우는 교육적 기술을 알아보자.

잘 뽑은 모둠짱, 열 회장 안 부럽다

모둠짱은 각 모둠에서 친구들을 이끌고 다독이며 함께 활동을 꾸려 가는 중요한 역할을 한다. 담임교사가 교실의 구심점이라면, 모둠짱은 담임의 계획이 실현되기까지 다양한 일을 하는 여러 개의 작은 구심이라고 할 수 있다. 그러므로 공동체 교실은 책임감과 자부심이 넘치는 모둠짱을 뽑는 일에서 시작된다고 해도 과언이 아니다. 다시 말해 잘 뽑은 모둠짱 한 명, 열 회장 안 부럽다.

그러나 대부분 학생은 정·부회장처럼 공식적인 지위도 아니면서 담임교사와 학생들 사이에서 귀찮은 일만 할 것 같다고 생각해 모둠짱 선출에 별 관심이 없다. 그렇다면 책임감과 성실성, 자부심을 갖춘 모둠짱은 어떻게 뽑을 수 있을까?

1) 모둠짱이 되고 싶게 하기

가장 중요한 일은 학생들이 모둠짱이 꼭 되고 싶다는 열망을 가지도록 하는 것이다. 다음은 3월 중순 무렵, 어느 학교에서 담임교사와 학생들이 나누는 대화이다. 담임교사의 제안에 대한 학생들의 반응과 이어지는 교사의 대처를 살펴보자.

"앞으로 우리 반 모든 학급 행사는 모둠 중심으로 운영할 거야. 모둠짱 지원서는 여기 있고요. 내일부터 일주일 동안만 받겠습니다. 관심 있는 사람은 금요일 아침까지 지원할 것!"

"샘, 그거 하면 뭐가 좋은데요?"

"야, 넌 꼭 뭐가 좋아야만 하니?"

교사가 절대 해서는 안 되는 최악의 대처이다. 물론 사사건건 앞뒤를 재고 자기 이득만 따지는 아이가 예쁠 리는 없다. 하지만 다시 생각하면 아이가 한 번뿐인 인생에서 자신에게 좋은 일만 하며 살고 싶어 하는 것은 당연하지 않은가? 그러니 태연하게 반응하자. 담임교사가 말 한마디 한마디에 일희일비하지 않아야만 학생들이 안정감을 느낀다.

"오호, 아주 좋은 질문! 모둠짱에게는 두 가지 특전이 주어지지. 첫째, 졸업 후 무려 50년 동안 보관되는 법정 장부. 그렇지, 학교생활기록부! 바로 거기에 모둠짱으로 활동하며 보여 준 책임감과 성실성, 배려 같은 태도를 그림처럼 상세하게 기록할 거야. 혹시 아니? 나중에 너희가 유명인이 되어서 방송에 학교생활기록부가 다 공개될 수도 있지."

"다른 특전은 뭔데요?"

"매월 담임샘과의 맛있는 회식에 초대되는 거지. 당근 메뉴 선택권까지 준다."

담임과의 '회식'이나 '학교생활기록부 기재'는 적잖은 유혹이다. 학생들은 3월 한 달을 지내면서 담임교사가 한 번 입으로 뱉은 말은 꼭 지키는 사람임을 간파했기에 교사가 내세운 두 가지 특전은 엄청난 힘을 발휘한다.

2) 자기 이해를 높이는 지원서 작성하기

모둠짱 지원서는 다음과 같이 구성되어 있다.

■ **모둠짱 지원서**

1. 지원 동기
2. 어떤 모둠짱이 될 건지 나의 각오
3. 자신의 장단점 분석(각각 3가지 이상)
4. 그 밖에 학급을 위한 제언

모둠짱에 지원하는 동기와 각오를 자기 언어로 쓰는 것은 자발성의 첫발을 떼는 행위이다. 직접 지원 동기를 쓰고 기억하게 하면, 학생들은 자신이 선택한 일이라는 사실을 잊지 않고 그에 따른 봉사와 불편을 기꺼이 감당한다. 3번 항목도 빠뜨릴 수 없는 절차이다. 자기 장단점을 정확히 인지하는 것은 성장의 첫걸음이다. 장점을 적극적으로

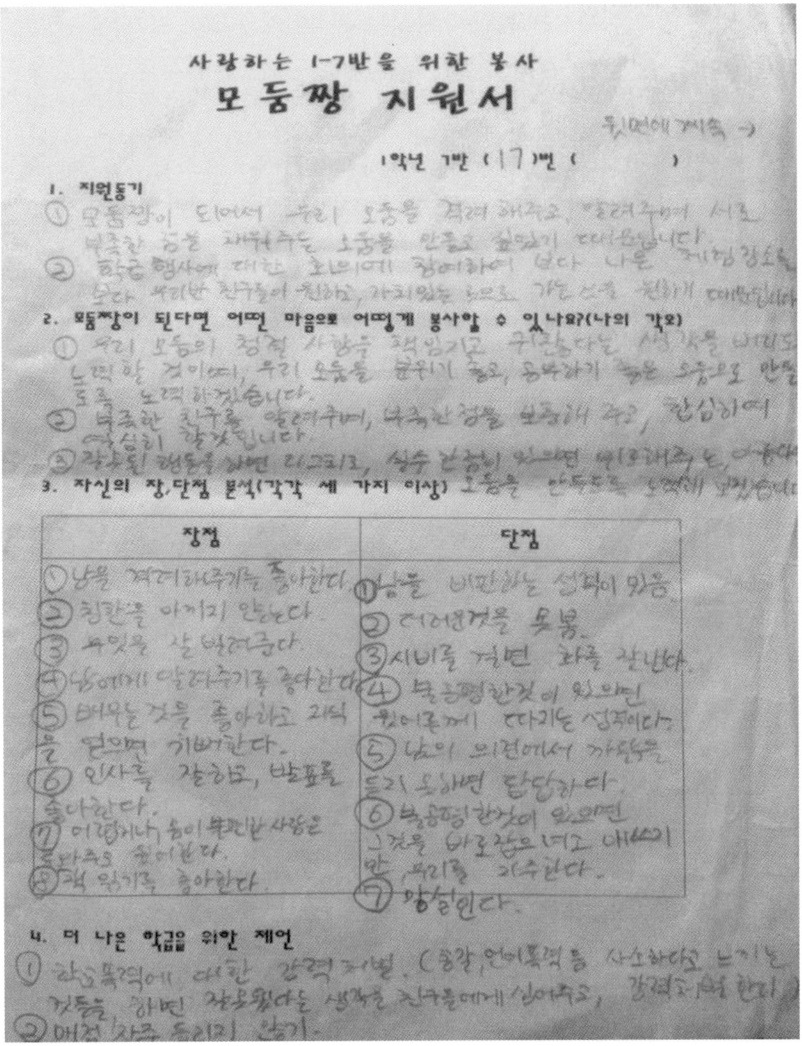
사랑하는 1-7반을 위한 봉사

모둠짱 지원서

뒷면에 계속 →

1학년 7반 (17)번 (   )

1. 지원동기

① 모둠짱이 되어서 우리 모둠을 격려해주고, 알려주며 서로 부족한 점을 채워주는 모둠을 만들고 싶었기 때문입니다.
② 학급행사에 대한 회의에 참여하여 보다 나은 체험정보를 알다 ... 친구들이 원하고, 가치있는 ... 가는 선을 원하기 때문입니다.

2. 모둠짱이 된다면 어떤 마음으로 어떻게 봉사할 수 있나요?(나의 각오)

① 우리 모둠의 청결 사항을 책임지고 구질구질하다는 생각을 버리도록 노력할 것이며, 우리 모둠을 분위기 좋고, 공부하기 좋은 모둠으로 만들도록 노력하겠습니다.
② 부족한 친구를 알려주며, 부족한 점을 보충해 주고, 한심하며 열심히 할 것입니다.
③ 잘못된 행동을 하면 타이르고, 실수한 점이 있으면 위로해주는, 아름다운 모둠을 만들도록 노력해 보겠습니다.

3. 자신의 장, 단점 분석(각각 세 가지 이상)

장점	단점
① 남을 격려해주기를 좋아한다. ② 칭찬을 아끼지 않는다. ③ 약속을 잘 지켜준다. ④ 남에게 알려주기를 좋아한다. ⑤ 배우는 것을 좋아하고 지식을 얻으면 기뻐한다. ⑥ 인사를 잘하고, 발표를 좋아한다. ⑦ 어렵거나 남이 불편한 사람을 도와주고 싶어한다. ⑧ 책 읽기를 좋아한다.	① 남을 비판하는 성격이 있음. ② 더러운 것을 못 봄. ③ 시비를 걸면 화를 잘 낸다. ④ 불공평한 것이 있으면 원어른께 따지는 성격이다. ⑤ 남의 의견에서 ...을 들지 못하면 답답하다. ⑥ 불공평한 것이 있으면 그것을 바로잡으려고 애쓰기만, 무리를 지우한다. ⑦ 앙심이다.

4. 더 나은 학급을 위한 제언

① 학교폭력에 대한 강력처벌. (욕설, 언어폭력을 사소하다고 느끼는 것들을 하면 잘못됐다는 생각을 친구들에게 심어주고, 강력처벌 한다.)
② 매점 자주 들리지 않기.

꼼꼼하게 채운 모둠짱 지원서

인정하는 한편, 스스로 단점이라고 인지하는 부분이 도리어 장점이 될 수도 있다는 사실을 깨닫게 하려는 목적이기도 하다. 또 담임교사의 격려나 도움이 필요한 부분을 파악하는 데에도 큰 보탬이 된다.

간단한 질문이지만 학생들은 진지한 자기 성찰과 각오를 담은 지원서를 제출한다. 설령 그것이 학급 회식에 대한 기대 때문일지라도 손글씨로 한 줄 한 줄 써낸 아이들이 얼마나 기특하게 느껴지는지 모른다.

우리는 아이들, 특히 14～15살 무렵의 남자아이들은 별생각 없이 산다고 쉽게 생각한다. 실제 남학생들이 일관성 없이 행동하는 경우를 흔히 보기 때문이다. 그렇다면 중학교 1학년 한 남학생이 쓴 앞쪽의 모둠짱 지원서를 살펴보자. 섬세한 자기 이해와 성찰이 놀랍다. 어쩌면 우리가 아이들에게 생각을 표현하거나 사고를 키울 기회를 충분히 주지 않은 것일지도 모른다.

3) 모둠짱에 대한 기대감 높이기

모둠짱 지원서를 나눠 주고 난 다음 날부터 매일 아침 두어 장씩 지원서가 들어온다. 지원서를 받으면 "와～ 우리 아들딸, 진짜 짱인데?"와 같이 무심한 듯하지만 큰 소리로 학급 친구들이 듣게 칭찬한다. 그러면 보통 열 명 남짓한 학생들이 지원서를 제출한다.

드디어 모둠짱 지원서를 마감하는 금요일, 종례에 들어가자마자 아이들이 묻는다.

"샘, 모둠짱 결과 나왔어요?"

"아니, 월요일!"

월요일 아침 조회 시간, 아이들이 다그치듯 묻는다.

"샘, 모둠짱 발표해요?"

"아니, 종례 시간!"

"아, 궁금한데……."

다시 종례 시간, 안달이 난 아이들이 소리친다.

"모둠짱이요!"

"너희가 이토록 간절히 원하니 발표한다!"

관건은 모둠짱에 지원했든 안 했든 반 아이들에게 '누가 모둠짱이 될 것인지'가 초미의 관심사가 되게 하는 일이다. 그래서 일부러 아이들이 애가 닳도록 뜸을 들인다. 모둠짱 발표는 모둠짱 선정 이유를 학생들 앞에서 읽는 일로 시작한다. 선정 이유서는 모둠짱 지원서 내용을 정리하면 쉽게 쓸 수 있다.

■ **모둠짱 선정 이유서**

○○를 모둠짱으로 뽑는 이유

청소를 하루 연장하더라도 영혼이 있는 청소를 하겠다는 다짐이 가장 빛났다. 교실 폭력에 대해 사소한 것일지라도 잘못된 것임을 알게끔 하겠다는 반듯한 의지에 신뢰가 갔다. 남을 격려하고 불편하거나 어려운 사람을 도와주기 좋아하는 품성, 배움을 즐기고 지식을 얻는 기쁨을 알고 있다는 것이 기특했다.
예의만 갖춘다면 불공평한 것을 따져서 바로잡으려 하는 것은 결코 단점이 아니며 오히려 훌륭한 자질이다. 모둠짱 활동을 통해 망설이는 행동을 고쳐 나가고 봉사하는 것을 배우면서 더 멋진 ○○으로 커 갈 거라 믿는다.

모둠짱으로 임명되는 순간을 찍은 인증샷은 한 학기 동안 학급 '명예의 전당' 게시판에 게시한다. 모둠짱들에게 선정 이유서를 나눠 주며 부모님께 직접 배달하라고 당부하고, 교무실로 돌아와 바로 모둠짱의 학부모들에게 일일이 문자를 보낸다. 학부모들은 선정 이유서를 읽기 전에 담임교사의 문자를 먼저 받는다. 문자를 읽는 부모의 심경을 상상해 보자.

"우리 ○○가 멋진 포부와 기대를 담은 지원서를 써서 예쁜 1학년 7반의 모둠짱으로 뽑혔습니다. 이렇게 예쁜 아들을 제게 주셔서 고맙습니다. ○○의 뜻을 잘 읽어 학급 민주주의를 실천하는 담임이 되겠습니다."

모둠짱 선정 이유를 읽으면 다른 아이들은 부러움을 섞어 묻는다.

"샘, 2학기에 모둠짱 다시 뽑나요?"

"그럼. 뽑힐 수 있도록 자신을 잘 키워야겠지?"

"다른 모둠짱은 누구예요?"

두 번째 모둠짱을 궁금해하는 아이들에게 이 한마디만 남기고 교실을 나선다.

"내일 종례 시간에 계속!"

하루에 한 명씩 일주일에 걸쳐 발표하는 일은 반 아이들에게 모둠짱에 대한 궁금증과 기대감을 불러일으키고 발표를 기다리게 만든다. 그리고 모둠짱 개개인에게는 고유한 존재감을 부여한다.

이렇듯 세세한 절차를 밟는 과정은 아이들에게 담임교사가 모둠짱을 얼마나 중요하게 생각하는지를 자연스레 알게 하고, 모둠짱에게는 자신이 얼마나 중요한 역할을 맡게 되었는가를 깨닫게 한다. 쉽고 빠르게 가는 것이 능사는 아니다. 때때로 학생들을 전체가 아니라 하나하나의 존재로 바라보고 인정하는 일이 필요하다. 아이들이 막중한 책임을 감당하고 자발성을 발현하게 하고 싶을수록 더욱 그렇다.

'우리'라는 즐거운 자각, 학급 행사

잘 노는 학급이 행복한 학급, 잘 노는 교사가 좋은 교사라는 믿음이 있다. 실제로 잘 노는 아이들이 정신적으로도 육체적으로도 건강하게 성장한다. 제각기 다른 아이가 하나 되도록 긍정적인 학급 분위기를 만들어 내는 마법 같은 체험은 다름 아닌 '학급 행사'이다. 학급 행사는 묻지도 따지지도 말고 노는 일에서 시작한다. 놀긴 놀되 각자 노는 것이 아니라 '더불어' 노는 일이다. '우리'라는 즐거운 자각을 일깨우는 체험인 셈이다.

학급 행사를 하고 싶어도 담임교사가 계획부터 정리까지 모두 맡아야 한다는 생각에 엄두를 내지 못하는 교사들이 많다. 학급 행사의 효용 중 하나는 재미와 공감을 넘어서 학생들이 자율성을 키우는 법을 배울 수 있다는 것이다. 아이들 힘으로 할 수 있다는 믿음을 가지고, 그들의 의견을 물으면서 작은 것부터 하나씩 스스로 계획하도록 도와주자.

학급 행사를 진행할 때 담임교사에게 필요한 것은 학생들이 이룬 작은 성과에 기뻐할 줄 아는 마음과 지레 실패를 걱정하는 태도를 떨치는 담대함이다.

담임교사와 학생 모두 즐길 수 있는 학급 행사에는 어떤 것이 있는지, 또 어떻게 하면 학생들의 참여를 끌어낼 수 있는지 다음 장에서 자세히 살펴보자.

공동체 감수성을 키우는 학급 만들기

1. 학급 안에 공동체 감수성이 필요한 이유는 무엇일까요?

2. 놀이와 공동체 감수성은 어떤 관계가 있을까요?

3. 공동체 감수성을 키우기 위한 선생님만의 노하우에는 어떤 것이 있나요?

2

단계별로 만들어 가는 학급 행사

Level 1. 누구나 할 수 있는 만만한 학급 행사

학급 행사는 즉시 실행할 수 있는 것에서부터 고도의 계획과 추진력이 필요한 행사까지 스펙트럼이 매우 넓다. 그렇다고 너무 거창하게 생각하거나 지레 겁먹을 필요는 없다. 가볍고 간단한 학급 행사도 얼마든지 많다.

특히 초보 담임교사라면 의욕만 앞세우지 말고, 사전 준비가 크게 필요하지 않은 작고 간단한 행사로 성취감을 맛보는 게 우선이다. 그런 경험을 쌓다 보면 점차 다음 단계의 학급 행사에 도전할 자신감과 노하우가 생길 것이다.

1) 모둠 사진 콘테스트, 너와 나의 순간 남기기

유독 계절이 빛나는 어떤 날이 있다. 그런 날, 야외 종례를 해 보면 어떨까? 학교 가까이에 벚꽃이 흩날리거나 은행잎으로 물든 공원 한두 곳쯤은 있을 것이다. 예를 들어 낙산 성곽이 지척에 있는 우리 학교에서 어느 봄날, 종례 미션이 떨어졌다.

“계절과 풍경과 모둠원이 가장 잘 어우러진 모둠 사진, 담임샘 카톡으로 전송!”

다음 날 아침, 조회 시간에 모둠별 사진을 모니터에 띄우고 최우수작을 선정한다. 아이들에게 스티커를 한 장씩 나눠 준 후 자기 모둠을 제외한 가장 멋진 사진에 스티커를 붙이도록 하면 2~3분 만에 최우수작이 가려진다. 우수 모둠은 담임 상품권으로 시상한다. 학교 앞 분식집과 MOU를 맺은 덕분에 상품권은 지역 화폐 기능을 톡톡히 한다. 모둠에게 수여한 상품권 몇 장에 아이들의 환호가 쏟아진다.

■ **담임 상품권**

상품권

1. 이 상품권은 비매품이므로 타인에게 판매하거나 양도할 수 없습니다.
2. 이 상품권으로는 학교 앞 분식점에서 1,000원에 상당하는 간식을 자유롭게 선택할 수 있습니다.

유효기간: 20○○년 ○월 ○○일 발행인: 담임샘 장홍월

'모둠 사진 콘테스트'는 일부러 야외 종례를 하지 않더라도 백일장이나 사생 대회 같은 학교행사 시에 모둠별 미션으로 적격이다. 재미있는 것은 시간이 흐를수록 어색했던 학기 초와는 다르게 모둠 사진 속 포즈나 표정이 풍부하고 다양해진다는 사실이다.

기억하자. 학급 행사는 아이들이 담임교사를 좋아하게 만들기 위해서 하는 것이 아니라 아이들끼리 서로 친해질 기회를 다양하게 만든다는 데 가장 큰 의미를 두어야 한다는 것을. 여름방학이면 아이들에게 "방학 생활 간단 보고 및 인증샷 보내거라~. 선착순 3명, 우수작 3명 각각 시상!" 같은 문자 미션을 날려 보자. 곧 답신으로 쏟아져 들어오는 아이들 얼굴에 이내 행복해질 것이다.

서울 성곽 낙산길 모둠 사진, 북서울꿈의숲 모둠 사진, 고려대 진학 체험일 모둠 회식(위 왼쪽부터 시계 방향으로)

2) 담임의 순간을 포착하라

소풍날 아침 또는 수학여행을 떠나는 버스 안에서 태연하게 미션을 던진다.

“담임샘도 모르는 순간 담임의 순간을 포착하라! 단, 실물보다 예뻐야 한다!”

학생들이 직접 찍은 사진 속에서 담임교사는 너무도 환하고 실물보다 예쁜 표정으로 살아 있다. 담임교사와 함께한 시간이 깊어질수록 작품의 완성도가 달라진다. 피사체에 대한 이해와 애정이 깊어질수록 사진도 진화하기 마련이다.

어느 해 봄날, 인수중학교 학생회는 스승의 날을 기념해 ‘선생님 캐리커처 그리기’ 행사를 열었다. 제자 수아는 교사의 메신저 프로필 사진을 내려받아 캐리커처를 그려 제출했고, 당당히 금상을 받았다. 제자가 그린 그림을 들여다보면 알 수 없는 어떤 뭉클함이 느껴진다.

학생이 찍고 그린
담임교사의 모습

학생들이 사진으로 포착한 담임교사의 순간들

3) 생일 축하 행사, 태어나 줘서 고마워

학생들에게 일상 중에 가장 의미 있는 날은 '생일'이다. 생일을 축하하면서 서로의 존재를 인정하고 함께 있음을 감사하는 의미로 매월 작은 생일 축하 행사를 연다.

정기적인 행사이므로 1인 1역의 생일 도우미가 기획과 진행을 맡는다. 학기 초에 생일 도우미와 협의를 거쳐서 어떤 방법으로 생일 축하 행사를 진행할지 결정한다. 대개는 한 달에 한 번, 같은 달에 태어난 학생들에게 롤링 페이퍼나 카드와 함께 작은 선물을 준다.

예를 들어 행사 도우미들이 학급 생활에서 활용할 수 있는 혜택을 적은 쪽지를 준비하면, 생일을 맞은 학생들이 뽑기를 한다. 청소 면제권, 다음 달 자리 지정권, 일주일 호응권, 일일 반장권 등 금전적인 비용을 들이지 않고도 즐거움을 나눌 수 있는 선물을 만든다. 여기에 과자 파티나 놀이 시간을 기획하면 금상첨화이다.

선물 대신 준비하는 생일판(위)과 생일 파티(아래)

4) 우리 반 보물찾기

모든 학생이 출석했다고 해서 그 아이들이 모두 교실에 존재하는 것은 아니다. 한 명 한 명을 눈에 담고 마음으로 보며 대할 때 비로소 아이들은 존재한다. 자신의 가치를 읽고 친구와 담임교사의 가치를 발견하는 기회를 주면, 학생들은 자연히 상대방을 인정하고 존중하는 습관을 익힌다. 방법은 간단하다.

학급 자치 시간에 슬그머니 설문지를 나눠 주자. 학생들이 각자 찾아낸 보물을 서로가 알아볼 수 있도록 하는 시간이다. 각 학생의

■ **보물찾기 설문지**

보물찾기

다음 질문에 진솔(오바해도 좋아요.^^)**한 답변을 적어 주세요. 아름다운 답변에는 예쁜 선물이 기다리고 있습니다.**

하나. 내가 괜찮은 사람이란 생각이 드는 순간은 언제?

둘. 우리 반에서 정말 칭찬해 주고 싶은 친구가 있다면 누구? 왜?

셋. 담임샘의 장점(많겠지만ㅋㅋ)을 한 가지만 쓰세요.

장점을 들국화의 〈내가 찾는 아이〉라는 노래에 넣어 함께 부르며 다독인다. 이를테면 이런 식이다.

"내가 찾는 민우 흔히 볼 수 없지. 아픈 친구 부축해 주고 축구 경기 열심히 응원하는. 워워~ 1반에 있지. 예예~ 우리의 친구지."

생일이나 각 학생의 날을 정해서 해도 의미 있다. 노래를 부를 때 아이들은 쑥스러워하지만, 그 순간 서로에 대한 인정과 애정이 차곡차곡 쌓인다.

5) 일 년 동안 수고한 친구들과 선물 교환

크리스마스 전날이나 종업식 전날이면 학생들은 학교에 와도 마음이 싱숭생숭하기 마련이다. 담임교사와의 자유 시간이 주어져도 무엇을 할지 몰라 덩그러니 앉아 있다. 이때 일 년 동안 함께 잘 살아왔음을 감사하며 선물을 교환하는 시간을 가지면 어떨까? 각자 제한된 금액(2,000~3,000원)의 선물을 사고 다른 친구가 알아보지 못하도록 포장한다. 또 이 선물을 받을 누군가를 위해 크리스마스 카드를 써 온다.

우선 정한 순서대로 내용물을 모르는 상태에서 선물을 고른다. 재미를 더하려면 선물을 선택할 때 앞서 포장을 뜯은 사람의 선물을 가져올 수 있게 하고, 같은 선물은 두 번까지만 이동할 수 있게 한다. 부담 없이 준비한 선물과 카드를 주고받는 것만으로도 훈훈한 시간을 가질 수 있다. 여유가 된다면 학생들과 함께 간단한 쿠키나 머핀을 만들어 먹거나 롤링 페이퍼를 주고받으며 마음을 전해도 좋다.

Level 2. 우리 반만의 양념을 더하는 학급 행사

모든 학급 행사는 아무리 의미 있더라도 재미없으면 지속하기 어렵고 별 효과가 없다. 그래서 재미있는 학급 활동을 개발하고 소소한 재미를 만드는 과정이 필요하다. 때로는 계획하지 않은 활동이 재미를 주기도 하지만, 담임교사가 제대로 계획한 활동은 좀 더 많은 학생이 참여할 수 있고 교사의 철학을 효과적으로 전할 수 있다. 학생들이 학급 행사에 참여하고 싶어도 담임교사가 기회를 만들지 않으면 소용없다.

학교행사에 우리 반만의 양념을 더해 보자. 학급 행사를 기획하고 운영하기가 한결 쉬워진다. 크고 작은 학교행사에 우리 반 학급 활동을 추가하거나, 담임교사의 가치와 관심을 더한 자체적 학급 행사로 탈바꿈하는 기획을 해도 좋다. 더 나아가 학생들이 직접 자발적으로 만든 행사를 운영해 보자.

1) 비빔밥 콘테스트, 다 같이 만들고 다 같이 먹자

가성비가 가장 좋은 학급 행사를 꼽으라면 당연히 '비빔밥 콘테스트'이다. 학교마다 이름은 다르지만 '사귐의 날'과 같이 학교교육계획에 따라 시간을 주고, 학급별로 작은 행사를 기획해서 진행하게 하는 행사가 있다.

이때 가장 만만하게 진행할 수 있는 행사는 '남녀 대결' 또는 '모

■ 비빔밥 콘테스트 준비물 분담표

예쁜 ○학년 ○반 비빔밥 콘테스트 ○조 준비물

- 조장: ○○○ 부조장: ○○○
- 조장 준비: 큰 양푼(15인용)
- 특별 찬조: 참기름(○○○) / 볶은 고추장(○○○)
- 조별 준비: 구운 김(전장 10장) / 콩나물무침 / 고사리무침 / 시금치무침 / 도라지무침 / 다진 김치볶음 / 채 썬 상추 / 과일(3명) / 생수 2리터 4통(2명) / 달걀 프라이 10개(2명)
- 개인 준비: 도시락에 쌀밥 1공기씩

	이름	가져올 재료
1		구운 김(10장)
2		콩나물무침, 큰 양푼
3		고사리무침
4		시금치무침
5		도라지무침
6		다진 김치볶음
7		채 썬 상추
8		과일
9		과일
10		과일
11		생수 2리터 2통
12		생수 2리터 2통
13		달걀 프라이 5개
14		달걀 프라이 5개
15		참기름, 볶은 고추장

둠별 비빔밥 콘테스트'이다. 커다란 양푼에 밥을 비벼 함께 떠먹는 한솥밥 공동체를 경험하는 것이다.

우리 학급은 해마다 교생실습 기간이 되면 비빔밥 만들기 행사를 한다. 크게 힘들이지 않고도 학생들을 즐겁게 하는 성공적인 학급 행사 경험을 교육실습생에게 선물하고 싶어서이다. 담임교사의 헌신이나 희생이 아니라 작은 일로도 행복한 학급을 만들 수 있다는 것을 경험하면, 고된 임용 고시의 여정을 견디는 힘을 얻지 않을까 싶다.

이때 두 가지 유념할 사항이 있다. 첫 번째로 행사 하루 전에 조장에게 준비물 분담표를 미리 작성해서 제출하게 해야 한다. 두 번째로 심사 위원인 담임교사와 교생보다 먼저 시식하는 학생은 탈락시킨다.

즐거운 비빔밥 콘테스트 풍경

2) 우리 반만의 스웨그, 체육대회 응원단

"우리는 1반~ 아무도~ 우리를~ 이길 수~ 없지. 호예~(호예) 호호예~(호호예)!"

체육대회가 열린 날, 다른 반 학생들이 시큰둥하게 앉아 있을 때도 우리 반은 열심히 응원하고 떠들썩하게 구호를 외친다. 응원상을 아예 노리지 않는다면 거짓말이겠지만, 학생들은 이미 스스로 흥을 내고 즐기며 함께 놀기를 즐거워한다. 우리 반이 경기에 진출하면 진출한 대로, 아니면 아닌 대로 재미와 추억을 만들어 내는 것이다. 다른 활동에는 시큰둥해하던 아이들도 응원단 활동만큼은 먼저 나선다. 전체적인 체육대회 분위기가 처져 있거나 본 경기에 참여할 방법이 없을 때도 우리끼리 함께할 놀이가 있어 흥이 넘치는 시간을 보낼 수 있다.

체육대회는 학급 학생이 다 같이 참여하지만 운동을 잘하는 대표 선수나 결승에 진출하는 일부 학급만 경기에 나가다 보니, 학생 대부분은 관중석에 앉아 보내는 시간이 훨씬 많다. 모든 학생이 체육대회를 좀 더 신나게 즐기고 참여할 수 있도록 응원 활동에 색깔을 입히면 어떨까? 학급 학생들이 함께 외치고 마음을 맞출 노래, 율동, 구호 등을 만들고 이를 지휘할 '우리 반 응원단'을 꾸려 보자. 응원단장과 응원단은 노래와 율동을 만들고, 구호를 플래카드로 제작하고, 응원 도구를 준비한다. 체육대회 전에 조회·종례 시간 틈틈이 함께 응원 연습을 하고 질서와 안전을 지킬 방법에 대해 이야기를 나눈다. 체육대회 날, 학급 대표 학생이 참가하는 경기뿐만 아니라 다른 경기를 관람할 때도 응원 노래를 부르고 구호를 외친다.

직접 만든 응원 도구로 구호를 외치며 체육대회를 즐기는 아이들

3) 아이들을 움직이는 수학여행 지원단

수학여행은 담임교사에게 특히 부담되는 활동 중 하나이다. 2박 3일 동안 학생들과 교외 활동을 하기 때문이다. 방 배정, 버스 좌석, 장소별 인원 확인 등 행정 업무도 적지 않다. 학생이 아플 때나 위급한 상황을 대비해 비상 연락망을 재차 확인하고, 버스 옆자리에 같이 앉을 친구나 잠자리를 함께할 친구를 정하느라 학생들 사이에 맴도는 미묘한 갈등도 조정해야 한다.

수학여행이나 가을 소풍 등 교외 활동을 진행할 때 학생들이 적극적으로 나서서 자신들만의 시간으로 만들도록 하는 방법이 있다. 바로 '수학여행(소풍) 지원단'을 모집하는 것이다.

"선생님, 이번에는 런닝맨 해 보면 어때요? 반별 놀이 시간에요."

"런닝맨? 그거 옷을 따로 사고, 규칙도 복잡한 거 아니야?"

"저희가 저예산으로 만들어 볼 수 있을 것 같아요. 팀 구성이나 규칙, 준비물 다 준비해 올게요."

반응이 미적지근할 때는 담임교사가 은근슬쩍 행사 도우미를 찌르거나 함께할 학생을 모집하기도 하지만, 몇 차례 지원단을 운영하다 보면 교외 활동을 할 때쯤 아이들이 먼저 나서서 준비하겠다고 이야기한다. 간단한 계획을 세우고 행사를 추진하는 일을 어렵지 않게 여기는 것이다.

장소 이동 시 인원을 확인하는 팀, 버스에서 노래와 사연을 들려주는 라디오 운영 팀, 방문 장소를 안내하는 가이드 팀, 학급별 저녁 시간을 진행하는 레크리에이션 팀 등 작지만 다양한 활동에 학생들이 참여할 수 있도록 역할을 나누고 준비한다. 예를 들어 버스로 이동하는 시간을 활용하는 '달리는 라디오'는 "안전띠를 매라.", "조용히 좀 하자."와 같은 지시와 통제 없이도 학생들을 집중하게 하고 즐겁게 만드는 손쉬운 학급 행사이다.

직접 만든 미션이나 놀이를 하며 수학여행을 즐기는 아이들

학생들과 함께 준비하면 담임교사 혼자 준비할 때보다 더 재미있는 아이디어가 오가고 학생들의 참여 영역이 넓어진다. 따라서 학교가 정한 일정대로 끌려다니는 여행이 아니라 스스로 만들고 즐기는 여행으로 추억을 남길 수 있다. 이뿐만 아니라 담임교사도 해야 할 일을 학생들과 나눔으로써 부담을 덜게 된다.

4) 끝까지 함께하는 학기 마무리 잔치

반 학생들과 함께하는 학급 행사를 가장 부담 없이 진행할 수 있는 시기는 학기 말이다. 학습활동에서 여유 있는 시기이므로 학생들이 직접 주도하는 우리 반만의 잔치를 열 수 있다. 학급 행사 도우미들이 무엇을 할지 친구들과 협의하고 이를 직접 진행한다. 학급 분위기에 따라 함께하는 게임이나 내용이 달라지기도 하지만 자신들이 만들어 낸 프로그램이다 보니 대체로 호응이 높다.

담임교사는 안전하게 행사가 진행되는지 관찰하는 등 보조적인 역할만 해도 된다. 학기 말 친구들에 관한 ○× 퀴즈, 팀별 장기자랑을 비롯해 멍 때리기 대회, 마피아 게임, 짝 맞추기 등 단순하지만 밀착도가 높은 게임을 하다 보면 서로에 대한 친밀도가 더 깊어진다. 또 평소 다 같이 놀 기회가 거의 없는 학급 학생들에게 의미 있는 시간이 된다.

종업식과 졸업식도 동시에 준비할 수 있다. 최근 들어 많은 학교가 종업식이나 졸업식을 학생 공연이나 학생 작품 전시회를 여는 등 학생들이 참여하는 형태로 진행한다. 이때 학급에서 반 학생들이 함께 그린 걸개그림을 만들어 걸어 두면 우리 반만의 플래카드를 남길 수 있다. 아이들이 학년을 마치고 졸업하면서 함께 나누고 싶은 말이나 남기고 싶은 말을 모아 공동 작품으로 만들어 보고, 이를 학급이나 졸업식장에 게시한다. 학급 구성원 모두가 참여하면서 마무리할 수 있다는 데 의의가 있다.

Level 3. 사전 준비와 추진력이 필요한 학급 행사

학생들을 인솔하여 교외로 나가거나 교내에서 진행하더라도 늦은 시간까지 활동하는 학급 행사가 이 단계에 해당한다. 담임교사의 기획력과 사전 준비가 필요하며, 앞 단계의 학급 행사를 수차례 해 보며 담임교사와 학생들이 서로의 마음을 읽게 되었을 즈음에 시도하는 편이 좋다.

학급 행사는 처음에 담임교사가 계획하지만 점차 학급 회의를 통해 학생들의 욕구를 반영한 행사로 발전한다. '신당동 떡볶이 파티'나 '영화 관람', '한강 자전거 하이킹'과 '고수부지에서의 짜장면 파티', '남산 유스호스텔에서의 학급 야영' 등 학급 행사의 종류는 무궁무진하다. 다만 무리한 계획은 금물이다. 교외 행사를 처음 진행할 때는 절대 욕심을 부리지 말고, 한 학기에 한 번 정도 가벼운 활동부터 시작하는 게 좋다.

1) 생각을 키우는 온라인 이벤트

2부에서 소개한 온라인 이벤트는 교사가 생각을 키우는 소재로 공모 주제를 알리면, 학생들이 게시판에 자유롭게 자기 생각을 풀어 가는 온라인 학급 활동이다. 글쓰기를 통해 친구들의 생각을 들여다볼 수 있고 생각하는 힘을 키운다. 별것 아닌 듯 보이는 이 행사가 3단계에 해당하는 것은 담임교사의 섬세한 심사평과 독려 없이 저절로 참여도가 높아지는 행사가 아니기 때문이다. 온라인 이벤트는 가볍게 묻고 짧게 대답하는 것 같지만, 쓰다 보면 학생들의 생각이 자라는 행사이다.

■ **온라인 이벤트 월별 주제**

4월 – 내가 찾은 라일락
5월 – '사제지간'이란?
9월 – 미래 내 아이의 이름 짓기
12월 – 내게 '행복'이란?

우리 아이들에게는 무엇이 '행복'일까 궁금해진 12월 학기 말, 저마다의 행복을 한 줄로 정리해 보라며 공모 글을 띄운다. "나에게 행복은 ~다. 왜냐하면 ~이므로." 정도로 응모하면 된다. 다음은 학생들이 직접 정의한 한 줄짜리 행복을 담임교사가 편집한 합작 시이다. 중3 남자아이들이 생각하는 행복을 느껴 보자.

■ 온라인 이벤트로 만든 합작 시

행 복

3학년 2반

아침이면 일어나라 소리치시는 어머니가 있다는 것
나갈 때 "다녀오겠습니다."라고 인사할 사람 있다는 것
때때로 엄마의 잔소리를 들을 수 있다는 것
힘들 때 위로해 주는 담샘이 있다는 것

피곤할 때 재충전할 수 있는 달콤한 낮잠이 있다는 것
더울 때 아이스크림 사 먹을 돈이 있다는 것
성적표 나온 그날, 실컷 놀고 갈 PC방이 있다는 것
우울하고 짜증 날 때, 내 피로를 확 풀어 줄 재밌는 TV 프로그램이 있다는 것
휴일일 때 12시간 잘 배짱이 있다는 것

한문 시험에서 모르는 단어가 생각나는 것
누군가가 나의 이름을 부를 때 내가 이 세상에 존재한다는 것
험한 세상에 치여 너무나도 외로울 때
어깨 토닥이며 "힘내."라는 한마디 해 줄 수 있는 친구가 있다는 것
울고 싶을 때 혼자서 울 장소가 있다는 것
가끔 하는 판 치기에서 돈 따는 것

행복은
우리가 이렇게 함께였던 시간을
먼 훗날 추억하는 것

2) 담임에게 주는 선물, 학급 산행

스승의 날이 다가오는 어느 종례 시간, 학생들에게 퀴즈를 던진다.

"샘이 세상에서 젤 좋아하는 세 가지가 뭘까?"

"산이요!", "사과요!"

"또?"

"혹시…… 우리?"

"딩동댕! 그러니까 너희가 손에 사과를 들고 산에 같이 가면 내가 좋아하는 것들이 한자리에 있으니 샘이 얼마나 행복하겠니? 스승의 날인데 같이 가 줄 거지?"

스승의 날이라는 말에 마음이 약해진 건지 다들 가 주겠단다. 산을 좋아하는 담임교사에게 주는 스승의 날 선물인 셈이다. 이렇게 매년 스승의 날이면 반 아이들은 사과를 들고 담임교사와 함께 산행을 나서 주었다.

어느 해 스승의 날, 산 정상에 먼저 도착한 반 아이들이 두 손을 흔들며 일제히 소리 모아 담임교사의 이름을 외쳤다. 그러고는 멋진 마무리로 담임교사를 눈물짓게 했다. 그해 스승의 날 최고의 선물은 북한산 정상에 울려 퍼진 "홍월아, 사랑해!"라는 여섯 글자였다.

꼭 스승의 날이 아니어도 공동체 활동으로 학급 산행만큼 좋은 것이 없다. 단순히 산행만 하는 게 아니라 모둠별로 다른 미션을 내리기도 한다. 예를 들어 산행을 시작하기 전에 모둠별로 각기 다른 시가 적힌 미션지를 나눠 준다. 그리고 산 정상에 도착하면 릴레이 시 낭송회를 여는 것이다. 산 정상에서 학생들이 입을 모아 낭송하는 시를 듣는 순간만큼은 세상을 다 얻은 듯 행복하다.

스승의 날 기념 산행(왼쪽)과 한강 자전거 하이킹(오른쪽)

3) 담임의 관심사에서 학급 행사로 점프하기

"얘들아, 우리 영화 보러 갈래?"

"무슨 영화요?"

"평소에는 영화관이나 TV에서 절대 볼 수 없는 영화."

"재미없는 거 아니에요?"

"우리가 함께 보면 재미가 샘솟지. 의미도 있고. 같이 가 보자!"

평소 관심 있는 서울환경영화제나 청소년을 위한 연극제가 시작되면, 학급 학생들과 함께할 계획을 세운다. 요즘에는 주변에서 다양한 영화제가 열리기 때문에 학급 행사에 활용할 거리가 풍부하다. 영화는 학생들이 좋아하는 매체이기도 하고, 영화제는 영화 상영과 여러 이벤트를 함께 진행하기 때문에 영화 관람과 이벤트 참여라는 두 가지 활동을 동시에 할 수 있다. 공익적인 목적을 띤 영화제(예를 들어 환경영화제, 인권영화제, 여성영화제 등)는 학생 단체 관람 시 영화비와 행사 참여비가 무료이거나 할인해 주기 때문에 좀 더 쉽게 접근할 수 있다.

담임교사의 관심사를 활용한 행사를 진행하면 좋아하는 것을 학생들과 함께한다는 즐거움이 커지고, 이후에도 담임교사의 관심사를 지속적인 학급 활동과 생각 나눔으로 이어 갈 수 있다. 꼭 영화가 아니더라도 담임교사의 가치관이나 관심사와 맞는 외부 행사에 학생들과 함께 참여해 보자. 담임교사가 흥미 있는 분야는 꾸준하게 자료를 찾기 때문에 정보를 쉽게 얻을 수 있고, 학생들의 활동을 심화시키는 데 도움이 된다. 아마추어 수준이더라도 교사가 주는 정보는 학생들에게 새로운 분야를 경험할 기회를 제공한다. 관심 있는 기관의 행사 리플릿 등 정보를 눈여겨보았다가 학생들의 활동과 연결한다면 쉽고도 재미있게 학급 행사를 마련할 수 있다.

담임교사와 함께 영화제·연극제에 참가한 아이들의 모습

4) 함께 떠나는 학급 야영

학교에서 단체로 야영을 하기도 하지만 학급 단위로 야영을 하는 때도 있다. 교과 교실이나 도서실 등 사용할 수 있는 교내 공간이 있다면 동료 교사들의 도움을 얻어 시도할 만하다. 다음은 교내 학급 야영 프로그램 안내문의 한 예이다.

■ **교내 학급 야영 프로그램**

우리 학교 백배 즐기기 – 교과 교실을 활용한 1박 2일 프로젝트

- 일시: 11.5.(금) 17:40~11.6.(토) 12:00
- 일정(당일 사정에 따라 약간의 변동이 있을 수 있음)

날짜	행사명	시간	내용	장소	비고
11.5.(금)	DINNER FOR 6	17:40~18:00	참가자 및 준비물 점검	가사실	비빔밥 재료
		18:00~18:30	– 비빔밥 만들기 – 테이블 세팅		과일, 생수, 평가표
		18:30~19:00	– 비빔밥 콘테스트 – 맛있는 식사		
		19:00~19:20	– 뒷정리 – 독서 퀴즈 대회 준비	가사실 도서실	뒷정리
	책 읽는 교실	19:20~20:00	– 독서 퀴즈 대회 – 심사	도서실	
		20:00~20:10	시 낭송회 준비		PPT, 평가표
	詩 콘서트	20:10~20:40	– 시 낭송회 – 심사 및 개별 시상		뒷정리
		20:40~21:00	– 뒷정리 – 슈퍼스타K 준비	도서실 수학3실	
	슈퍼스타 K	21:00~21:50	– 노래와 댄스 경연 – 심사 및 개별 시상	수학3실	음악, 소품, 평가표
		21:50~22:00	영화 상영 준비		영화 선정(OOO)
	공포 영화 관람	22:00~23:40	영화 관람		간식(과자, 음료) 2,000 × 34 = 68,000
		23:40~24:00	취침 준비	2층 홈베이스	

날짜	행사명	시간	내용	장소	비고
11.6. (토)	내 고장 문화 탐방	06:50~07:00	짐 정리 및 세면		
		07:00~07:40	한성대학교 앞으로 이동		버스 환승
		07:40~08:30	– 삼군부총무당 관람 – 아침 식사(김밥)	삼선공원	2,000 × 34 = 68,000
		08:30~10:30	서울성곽 산책	서울성곽	도보
		10:30~10:50	대학로로 이동		도보
		10:50~12:00	점심 식사(떡볶이 파티)		5,000 × 34 = 170,000

- 모둠별 활동 평가

항목	진로 체험 보고서	DINNER FOR 6		책 읽는 교실				시 낭송회		슈퍼 스타 K		합계
				출제		독서 퀴즈						
평가 기준	- 성실한 작성 - 정보의 구체성 - 역할 분담 - 제출 기한 준수	- 레시피 사전 제출 - 재료 준비 - 모둠원의 협력 - 세팅 및 접대 - 뒷정리		- 책 완독 여부 - 수준별 문항의 고른 분포 - 내용 파악 - 제출 기한 준수				- 암송 여부 - 표현력 - 관객 반응		- 곡목 선택 - 표현력 - 관객 반응		
평가자	담임	동료	담임	동료	담임	담임	동료	담임	동료	담임	동료	
1조	40	30										
2조	30	40										
3조	20	10										
4조	50	50										
5조	10	20										

※ 평가 결과, 가장 점수가 높은 모둠에게는 '작은 소원 상품권'을 시상합니다.
※ 개별 활동 우수자에게는 '간식 상품권'을 시상합니다.

그러나 꼭 이렇게 거창한 계획까지 세우지 않아도 된다. 모둠별 간식 구입 미션과 진로 체험을 겸한 모둠 활동을 구성하면 쉽게 진행할 수 있다. 간식을 구해 오면서 진로 인터뷰를 겸하니 일거양득이다.

■ **간식 구입 미션**

Misson Possible

(   ) 모둠

① 체험 인증샷
② 맛집 주인 간단한 인터뷰 & 인증샷
③ 간식 구입

※ 모든 인증샷에는 모둠원이 4명 이상 들어가야 함

- 체험: 남산 투어 버스 / 남산 오르미 탑승
- 맛집: 남대문시장 내 ○○○왕만두 (02-＊＊＊-＊＊＊＊)
- 구입: 왕만두, 왕찐빵 1팩씩 ^^

교내가 아닌 외부로 나가는 학급 야영은 장소 섭외와 교통편, 안전 지도 등을 담임교사 혼자 알아보고 진행하기에 부담스러운 부분이 많다. 인근 청소년 수련관이나 교육부·교육청 관련 수련관에서는 식사비, 숙소비, 프로그램 구성, 교통비 등 다양하게 학급 활동을 지원하고 있다. 수련관별·시기별·운영 프로그램별로 지원 여부가 다르므로 야영 관련 공문을 참고하여 담임교사와 학급의 특색에 맞는 장소와 활동을 선택하면 된다. 여러 기관에서 진행하는 야영과 캠프를 활용할 수 있고, 한 학급만으로 행사를 진행하기 어렵다면 2~3개 학급 단위나 학년 단위로 협의하여 진행할 수도 있다.

Level 4. 목적의식적이고 교육적인 학급 행사

학급 행사를 계속하다 보면 학생들은 더불어 노는 일의 즐거움을 알게 된다. 그래서 10월 즈음이면 담임교사의 눈빛만 봐도 무슨 행사든 따를 마음의 준비가 되어 있다. 이때부터는 교육적 의미를 담은 목적의식적인 학급 활동을 진행하면 좋다. 학생들은 참여의 가치와 협동의 의미를 막연히 좋다고만 배운다. 학급 행사는 참여와 협동을 경험할 수 있는 살아 있는 체험의 장이다. 학급 행사에 참여하면서 자연스럽게 우리가 배우고 얻는 것이 무엇인지, 협동으로 인해 우리가 가지는 힘이 무엇인지를 깨닫는다.

앞서 강조했듯이 이 시기에 아이들은 정서적으로 훈계와 설교라면 질색한다. 따라서 아무리 좋은 의미가 있다 한들 교육적인 학급 행사를 무작정 들이밀어서는 안 된다. 4단계 행사는 묻지도 따지지도 말고 함께 놀며 몸을 부딪치는 경험, 다시 말해 앞 단계 학급 행사들을 거듭하고 나서야 가능하다는 사실을 기억하자.

1) 대학 견학 및 진로 신문 제작

낯모르는 이들과 부딪쳐 가며 진로 인터뷰를 하고 신문을 제작하는 활동은 학생들을 성장시킨다. 대학 교정 곳곳에서 '나의 꿈 나의 미래'라는 주제로 모둠원의 꿈 인터뷰를 한 뒤에 릴레이 편집을 해서 제출하게 한다. 아이들이 서로의 꿈을 물어보며 인터뷰하는 동안에 담임교사는 교정을 거닐며 산책하고 책을 읽는 여유를 누린다. 이제 학생들은 담임교사의 세세한 지시와 관리가 없어도 자신과 모둠을 보살필 만큼 성장해 있다.

■ **학생 배부용 학급 행사 안내문**

예쁜 ○학년 ○반 고려대학교 진로 탐방 계획

- 모둠별 집합 시간 및 장소: 오전 8시 30분, 인수중학교 앞
- 전체 집합 시간 및 장소: 오전 9시 30분, 고려대학교 정문 안 분수광장 앞

고려대학교 정문

분수광장

- 고려대학교 찾아가기

※ 모둠짱은 담임샘에게 이동 상황을 카톡으로 보고할 것(출발/환승/도착 시)

[방법 1] 151번 탑승 → 101번 환승 → 고대앞(고려대학교 정문) 하차(약 35~40분)

① 인수중학교 앞에서 151번 탑승, 수유시장 성신여대미아캠퍼스 정류장 하차(10 정거장)

② 내린 자리에서 101번으로 환승, 고대앞 정류장 하차(8 정거장)

[방법 2] 144번 탑승 → 고대앞(고려대학교 정문) 하차(약 40~45분)

① 인수동 장미원(정육식당 고깃간 앞) 정류장에서 144번 탑승, 고대앞 정류장 하차(16 정거장)

- 다시 모이는 시간 및 장소: 오후 12시 30분, 학생회관 앞
- 비상 연락처: 010－＊＊＊－＊＊＊＊(홍월 샘)

1. 체험 코스 및 일정

정문 앞(출발) → 법학대 → 경영대 → 사회과학대 → 중앙도서관 → 사범대 → 정경대 → 문과대 → 공과대 → 학생회관(점심) → 조별 보고서 제작

2. 활동 방법

① 대학 내에서 다양한 분야의 진로나 직업을 찾아본다.
진로 예: 경영, 사범, 법학, 인문학, 사회과학, 자연과학, 의학 등
직업 종류: 교수, 조교, 교직원, 편의 시설(카페, 극장, 주차…) 종사자 등

② 다섯 가지 이상의 진로 및 직업에 대해 인터뷰를 실시한다.
인터뷰 전 과정과 내용을 꼼꼼히 기록하거나 녹음한다. 사진 자료도 함께 남긴다. (질문할 내용을 미리 생각해 보고, 질문지를 작성해서 담임샘에게 사전 검토 받을 것)

③ 인터뷰 결과를 토대로 진학(진로) 체험 보고서를 모둠별로 작성한다.

④ 캠퍼스에서 '나의 꿈, 나의 미래'에 대한 개별 동영상 촬영 후 모둠별로 편집한다.

⑤ 보고서와 동영상을 금요일까지 제출한다.

3. 인터뷰할 때의 자세 및 질문 내용

① 인터뷰에 앞서 자기소개를 예의 바르게 한다. "저는 인수중학교 1학년 ○○○입니다."

② 인터뷰 내용은 반드시 기록하거나 녹음한다.

③ 인터뷰 장면 및 해당 직업에 관련된 사람 및 장소를 촬영한다.(인증샷 必)

④ 질문 내용: 다음 내용을 포함해서 다양한 질문거리를 미리 준비하여 질문한다.

- 본인 소개와 직업(전공)을 말씀해 주시겠어요?(단과대, 학과, 학번을 포함한 자기소개)
- 이 학과에서 어떤 것들을 주로 배우나요?(이 직업에서 구체적으로 하는 일)
- 이 학과에 진학하게 된 동기는 무엇인가요?(이 직업을 갖게 된 동기)
- 이 대학과 학과를 결정했던 시기는 언제인가요?(이 직업을 결정한 시기)
- 이 학과에 진학하기 위해서는 어떤 노력을 해야 하나요?(이 직업을 갖기 위해 필요한 준비나 노력)
- 이 학과에 대해 어느 정도 만족하는지, 그 이유를 말씀해 주세요.(직업으로 인해 느끼는 보람)
- 이 학과에 진학해서 힘든 점과 그 이유는 무엇인가요?(이 직업에 종사하면서 힘든 점과 그 이유)
- 진로를 준비하는 우리 중학생들에게 해 주고 싶은 말

4. 모둠 편성

- 반루: 유○○(모둠짱), 강○○, 김○○, 박○○, 이○○, 정○○
- 사과: 한○○(모둠짱), 김○○, 김○, 박○○, 송○○, 신○○
- 호6: 연○○(모둠짱), 김○○, 김○○, 임○○, 지○○, 김○○
- 멸치: 남○○(모둠짱), 박○○, 오○○, 이○○, 이○○, 정○○
- 꼬꼬: 이○○(모둠짱), 김○○, 이○○, 조○○, 박○○, 옥○○

5. 보고서 작성 시 유의할 점

① 사진 자료를 반드시 첨부하고, 모든 모둠원이 활동에 참여했다는 증거 기사가 있어야 하며 역할 분담이 명시되어 있어야 합니다.

② 인터뷰를 통해 알게 된 직업(학과)에 대한 정보를 상세히 담아야 합니다.

③ 탐색 활동 후의 자기 생각이나 느낌이 있어야 합니다.

④ 우수 보고서는 엄청난 학급 시상이 있으며 학교생활기록부에 그 활동이 상세히 기록됩니다. 보고서가 불량하거나 제출하지 않은 모둠은 아봉(아름다운 봉사)을 하게 됩니다.

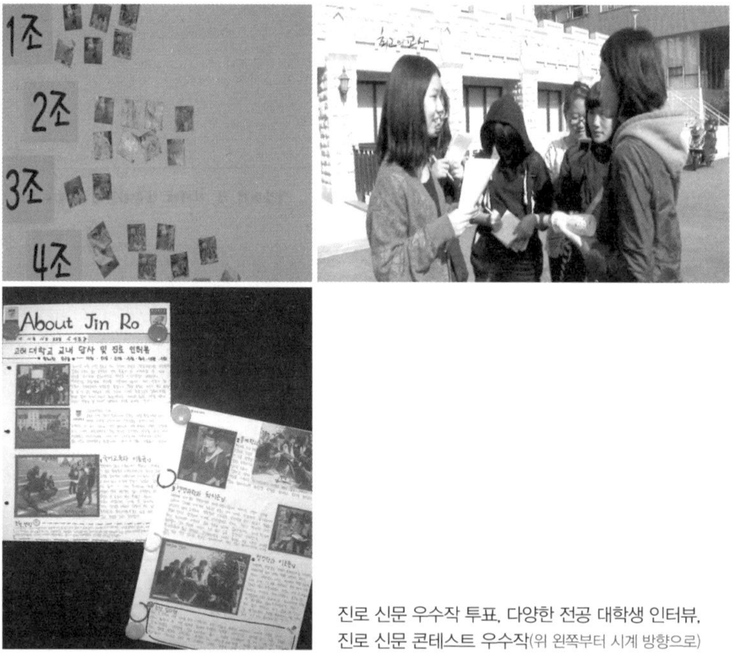

진로 신문 우수작 투표, 다양한 전공 대학생 인터뷰, 진로 신문 콘테스트 우수작(위 왼쪽부터 시계 방향으로)

2) 우리가 주인공인 학급 문집 만들기

“얘들아, 우리 문집을 한번 만들어 보는 건 어떨까?”라고 물으면 학생들은 대부분 “문집이 뭐예요?” 하고 되묻는다. 거의 모든 정보가 휴대폰이나 인터넷으로 전달되고 저장되는 시대를 사는 아이들은 ‘문집’이라는 말조차 생소하게 느낀다. ‘글’을 쓰고 ‘책’을 만들어 본 경험이 없을 테니 당연한 일이다. “우리가 그동안 써 온 자잘한 글부터 클래스팅의 게시물, 기록장의 글, 학급 행사나 학교행사를 위해 쓴 글과 사진을 모아서 책을 만드는 거야.”라고 설명해도 어리둥절한 표정이다.

이때 그동안 선배들과 만들어 온 문집을 보여 주면 그제야 고개를 끄덕인다.

“어때? 같이 만들어 볼 만하겠지? 문집은 지금 보기 위해 만드는 책이 아니라 우리가 20년 후에 지금을 추억하기 위해 만드는 책이야. 물론 너희가 하나하나 손수 만들어야 해서 많이 힘들거나 어려울 수도 있지만. 그래도 20년 후에 문집을 펼쳐 보며 ‘열네 살의 나는 이렇게 살았어.’라고 말할 수 있으면 좋지 않겠니? 그럼 오늘 생각하고 결정해 줘.”

그 자리에서 바로 결정하면 학생들은 막연히 힘들다는 생각에 하지 않겠다고 그대로 문집을 덮을 수도 있다. 그런데 하루 동안 선배들이 만든 문집 속에 담긴 학교 뒷이야기나 담임교사의 지난 이야기 등을 뒤적거리며 키득대다 보면 대충이라도 한번 만들고 싶다는 생각을 한다.

일 년 동안 지치고 힘든 시간을 지나왔든 유쾌하고 즐거운 기억에 헤어지기 아쉽든 끝을 마무리하며 서로의 한 뼘 성장을 축하하는 문집은 의미 깊다. 약 서른 명의 학생이 쓴 글이 한데 모여 우리 학급의 시간을 증명한다.

문집을 만들기로 했다면 '학급 문집 편집 위원단'을 꾸린다. 편집 위원단은 친구들의 글을 모으고, 타이핑하고, 예쁘게 편집하고, 사진을 가공한다. 생각보다 많은 아이가 마지막 학급 행사에 참여할 기회를 바란다. 처음에는 열 명 정도로 시작한 편집 위원단이 타이핑 보조, 그림 보조, 사진 꾸미기 보조 등과 같은 역할이 늘면서 결국 학급 구성원 대부분이 참여하게 된다. 마지막 편집과 구성은 학생 한두 명과 담임교사의 몫으로 겨울방학까지 할애하기도 한다. 2월 종업식이

반 아이들과 함께 만든 학급 문집

나 졸업식 때 완성된 문집을 나눠 주면 모두 자기 글을 찾거나 친구들의 글을 읽느라 정신이 없다.

학급 문집은 만들면서 추억을 정리하고, 만들고 나면 추억을 되씹고, 훗날 책장에서 발견하면 추억을 떠올리게 하는 힘을 가지고 있다.

이외에도 마을과 가정을 연계한 교육을 하고 싶다면 각 지역의 주민센터와 연계한 봉사 활동을 학급 행사로 계획할 수도 있다. '독거노인 돕기 김장 행사'와 같이 학교와 가정을 두루 아우르는 학급 행사는 5부에서 구체적으로 다루기로 한다.

함께 도전하는 학급 행사 만들기

1. 일 년 동안 운영해 본 학급 행사는 어떤 것들이 있나요?

2. 앞서 이야기한 학급 행사 중 우리 반 학생들과 함께하고 싶은 행사가 있나요?

3. 선생님의 관심사와 연관해서 만들어 볼 만한 학급 행사는 무엇이 있을까요?

3

학급 행사 A to Z

학급 행사의 진행 절차

학급 행사는 행사의 규모와 범위에 따라 각 단계가 빠지거나 추가될 수도 있지만 보통 기획, 계획과 준비, 진행, 정리 순서로 진행한다. 모든 학급 행사가 일괄적으로 각 단계를 거쳐야 하는 것은 아니다. 학급 행사의 성격에 따라 학교행사와 함께 진행하는 경우 기획·진행·정리만 필요하기도 하고, 간단히 5분의 진행만 필요한 때도 있다. 학급 행사를 위한 전체적인 흐름을 보고 우리 학급에 맞춰 참고하면 된다.

■ **학급 행사 절차**

활동명	○학년 ○반 여름맞이 나들이
주요 활동	영화 보기, 볼링, 점심 먹기

기획	계획/준비	행정	진행	정리
• 의견 모으기 • 행사 공지 • 의견 수렴 • 참가자 확보 • 참가자 신청	• 예산 짜기 (예산 지원 or 수익자 부담 여부) • 세부 내용 결정 (내용·장소·시간)	• 답사(필요시) • 참가자 확정 • 가정통신문 발송 • 회신서 수합 • 행사 기안	• 참가자 확인 • 활동 1 • 활동 2 • 식사	• 학부모 연락 (귀가 안내 문자) • 소감 나눔 기록장 • 사진 나눔 • 클래스팅

기획, 시작이 반이다

'기획'은 담임교사가 학급 행사를 처음 구상하는 단계이다. 담임교사가 일정한 목적을 가지고 학생들의 의견을 물은 뒤 행사의 대략적인 방향을 정한다.

1) '무엇을 언제 어디서' 결정하기

학년 초 여러 가지 학급 행사에 대해 학생들의 기호와 의견을 수합하면 연 단위나 월 단위의 개별 학급 행사를 기획하는 데 도움이 된다. 학교 일정이나 담임교사와 학생들의 일정에 따라서 학급 행사의 시기와 장소, 목적과 운영 방법이 달라질 수 있다.

■ **다양한 학급 행사를 위한 설문 조사**

1. 친구들과 함께 학급 행사를 하고 싶은 마음이 있습니까?	Yes	No
2. '질문 1'의 답에 대한 이유를 간단히 써 주세요.		
3. 다음 중 원하는 학급 행사를 순서대로 번호를 쓰세요.	**순서대로 번호 쓰기**	**이유는?**
롤링 페이퍼		
신나는 종례 인사		
작은 운동회(학급 체육대회)		
학급 문집 만들기		
모둠 요리 콘테스트		
그 밖에 희망하는 행사( )		
3-1. 롤링 페이퍼 행사를 진행한다면 어떤 친구와 함께하더라도 긍정적이고 힘이 되는 편지를 전해 줄 생각이 있습니까?	Yes	No
3-2. 마니또 행사를 진행한다면 어떤 친구와 함께하더라도 즐거운 마음으로 할 생각이 있습니까?	Yes	No

2) '누가 어떻게 왜' 결정하기

기획한 학급 행사를 통해 달성하고자 하는 담임교사의 목표, 학생 개개인과 학급 전체의 목표를 정한다. 그리고 예상되는 일시와 장소, 내용을 전개할 때 참여할 의사가 있는 학생이 어느 정도인지 확인한다. 모든 학생이 참여해야 진행하는 활동, 참여를 희망하는 학생이나 교사의 요청에 따라 참여하는 학생으로 구성되는 활동 등 행사 성격에 따라 참여자 범위가 달라진다. 참여자 모집은 교사가 진행할 수 있는 규모에 맞춰 간단히 공지해도 좋고, 작정하고 홍보해도 좋다.

■ **간단한 '학급 행사 참여자 모집 공고'**

우리 반 환경 미화 원정대 모집

- 하는 일: 환경 정화 및 미화 활동(뒤쪽 게시판 1개 꾸미기, 앞쪽 게시물 정리)
- 필요한 인원: 회장, 부회장 포함 5~6명
- 언제: 15~16일 방과 후
- 참가 자격: 예쁜 ○반의 학생이면 누구나 가능함

※ 부회장에게 신청하세요. 부회장은 신청자 명단을 종례 시간에 알려 주세요!

학급 문집 위원 모집

1. 담임보다 빠르게 타자를 치는 '타이핑 재주꾼'
2. 그림 그리기와 캐릭터 만들기에 재능을 가진 '그림 능력자'
3. 글과 그림을 정리하여 학급 문집을 예쁘게 구성할 수 있는 '편집 능력자'
4. 친구들과 화합을 잘하며 성실하게 참여할 수 있는 '성실 능력자'
5. 존재만으로도 눈이 부시며 좋은 분위기를 만들 수 있는 '분위기 메이커'
6. 기타 그냥 원하는 자
7. 당연직 위원: 학급 임원

■ 구체적인 '학급 행사 참여자 모집 공고'•

보랏빛 향기 풀풀 나는 1-1반의 추억들을 타임캡슐에!

1반 학급 문집 편집 자율 동아리

<The Purple Edition> 학생 에디터 모집

---

1. <The Purple Edition>은 어떤 자율 동아리죠?

평생에 단 한 번밖에 없는 14살 중1! 보라쌤과 함께하는 우리 1반의 추억을 타임캡슐처럼 한 권의 학급 문집에 담는 프로젝트를 함께할 학급 문집 편집 동아리입니다. '리미티드 에디션(Limited Edition)'이란 말을 들어봤죠? Edition은 잡지나 책의 '판'을 말합니다. Limited Edition은 '한정판'이죠. The Purple Edition은 보라쌤의 Purple을 따서 만들었으니 '보라판' 정도 되겠죠? 근데 '보라판'보다는 <The Purple Edition>이라고 하는게 쿨해 보이니 그렇게 합시다. ㅋㅋ

2. 편집 위원(The Purple Editor)이 되면 좋은 점?

편집 위원의 **특권**이 있습니다.

① 먼저 재미있는 글감과 편집본을 먼저 볼 수 있고, 본인의 취향 따라 편집할 수 있다는 것!

② 문집의 맨 앞 혹은 맨 뒤에 "편집위원의 말" 코너에 보라쌤 & 편집팀과 함께 떡하니 찍은 사진과 함께 1년 동안 활동하면서 느낀 편집팀 소감을 멋지게 남길 수 있다는 것! 문집은 타임캡슐 같은 거예요. 나중에 10년 20년 뒤에 펼쳐볼 때 정말 뿌듯하고, 선생님과 친구들 머릿속에 새록새록 기억날 거예요.

③ 아이디어 회의와 편집 작업 동안/후에 보라쌤(+ 친구들)과 함께 추억을 쌓을 수 있다는 것! 최종 편집이 끝나고 문집이 발간되면 크게 회식도 할 거예요. 날씨 좋은 주말에 소풍 가는 것도 고려 중이랍니다.

④ 자율 동아리는 활동 출석률이 80% 이상으로 성실히 활동한 경우 학교생활기록부에 기록을 남길 수 있어요. "학급 문집 편찬 위원으로서 적극적으로 활동함. 창의적인 아이디어 제안과 성실한 기록 활동으로 1년 여간의 공동체 생활을 생생히 남기는 데 크게 이바지함." 뭐 이 정도?

3. 좋은 건 알겠는데… 에디터가 되면 정확히 뭘 하나요?

편집 위원이 하는 일은 대략 다음과 같습니다.

① 문집에 실을 코너 아이디어 내기

② 반 친구들에게 글감 제출받고 확인하기

③ 수합된 글감을 검토하고 양식에 맞게 편집하기

(온라인으로 제출된 글감: 복사해서 한글 파일로 편집)

(손으로 쓴 글감: 스캔하거나 타자 치기)

④ 우리 반의 1년 추억 사진으로 많이 남기기 (일상 + 특별한 날)

: 카메라는 선생님이 빌려줄 수 있습니다.

4. 주로 언제 활동하나요? 대략적인 활동 계획은?

먼저 자율동아리 활동을 **공식적으로 인정**받기 위해서는 다음의 조건을 충족해야 합니다.

그리하여~

1. 최소 4개월 이상 활동: 우린 4월~11월까지 할 거니까 No prob!
2. 최소 16차시 이상 활동: 1차시 45분 기준
3. 1일 활동 인정 시간: 수업 없는 휴일(최대 4차시까지 인정) 6교시 수업인 날(2차시까지 인정), 7교시 수업인 날(1차시 인정)
4. 점심시간 활동 가능하나 활동 시간은 인정 불가

- 한 달에 한 번 학교에서 정기 모임(날짜는 선생님이 미리 공지)
  : 금요일 방과 후 3시 30~4시 15분 OR 토요일 오전 10시~12시
- 거북이 마라톤, 수련회, 진로 체험의 날, 학교 축제 등 학교행사가 있는 주에 주로 활동
- 날씨 좋은 주말에 단합 소풍

• 자료 제공: 도곡중학교 강보라 교사

보랏빛 향기 풀풀 나는 1-1반의 추억들을 타임캡슐에!

1반 학급 문집 편집 위원 지원서

1학년 1반 (   )번 이름 (   )

1. 지원 동기

★자율 동아리 "The Purple Edition"의 반장으로 지원합니다.
예□ 전 leader   아니오□ 전 member
반장은 **3/31(금)**에 자율 동아리 반장 오리엔테이션에 참석해야 합니다.

2. 학급 문집 편집은 보라쌤과 함께한 우리 반의 1년을 한 권의 추억으로 타임캡슐처럼 담아내는 프로젝트입니다. 학급 문집 편집 위원에 지원하는 나의 다짐/각오는?

3. 21세기는 자기 PR 시대죠☺? 자신의 장점 분석과 편집위원으로서의 가능성(2가지 이상)

나의 장점	편집 위원으로서의 가능성
예시) 그림을 좀 그림, 미적 감각이 좀 있음 / 꼼꼼하고 세심함 / 타자가 빠름	예시) 표지 및 잡지 꾸미기를 잘할 수 있음 / 매의 눈으로 오타를 찾아낼 수 있음 / 빠른 편집

본인이 특히 잘할 수 있을 것 같은 영역에 체크 표시(V) 하세요 :)

문집에 실을 코너 아이디어 내기		손으로 만든 작품들 스캔하기 (스캐너는 학교에 있음!)	
반 친구들에게 글감 제출받고 명렬표에 확인하기		손으로 쓴 작품들은 한글 파일로 타자 치기	
추억이 될 만한 우리 반 친구들 사진 골고루 찍어서 남기기 (일상, 특별한 날 모두)		수합된 글감들 검토하고 양식에 맞게 편집하기	

4. I've got some idea! 학급 문집에는 여러분의 **통통** 튀는 아이디어를 위한 자리가 많이 마련되어 있습니다. 혹시 벌써 아이디어가 있다면 적어 주세요. 아직 없다면, 보라쌤과 함께 학급 문집 편집팀으로서 하고 싶은 것을 적어 주세요.(예: 아이디어 회의하고 편집한 다음 떡볶이 회식하기)

필요하다면 뒷면의 여백을 사용하세요 :-)

계획, 차근차근 꼼꼼한 준비와 알림

'계획'은 학급 행사를 시작하기 전에 가장 중요한 단계이다. 학급 행사의 목표와 대상자를 정한 뒤 정확한 일시와 장소, 내용을 포함한 프로그램을 확정한다. 학생들과 어떤 방식으로 행사를 진행할지 구체적으로 그리고, 이를 계획서에 충분히 반영하고, 학부모와 학교에 정확히 알려야 한다. 특히 3~4단계 학급 행사를 진행할 때는 반드시 2~3주 전에 학생들에게 구두로 공지하여 시간을 비워 두게 하고, 일주일 전에 기안해서 학교장 결재까지 받은 뒤에 가정으로 안내문을 발송해야 한다.

꼭 기억해야 할 것은 활동 전에 안전 교육을 하고 학부모 회신서를 거두는 일이다. 활동 중에 일어날 만한 안전사고에 대비하여 교사와 학생들을 보호하는 일인 동시에 안전 문제는 학교와 학부모의 공동 책임임을 인식시키는 과정이다.

1) 학생들이 참여할 여지 찾기

행사 프로그램을 상세히 작성하기에 앞서 학생들이 참여할 수 있는 부분은 구체적으로 무엇인지 확인하고, 학생들이 계획 단계부터 참여할 수 있게 한다. 행사 준비단으로 구성해도 좋고, 1인 1역의 행사 도우미가 진행하도록 해도 좋다. 학생들에게 '함께하는 일'의 의미를 전달하고, 학생들이 스스로 할 수 있는 부분은 "한번 해 봐. 계획을 짜 보자. 프로그램을 구체적으로 구성해 보자."라고 권유하며 의지를 북돋아 주자.

2) 구체적인 행사 계획서 작성하기

평소 담임교사가 관찰한 학생들의 역량을 바탕으로 이번 행사와 관련한 재능을 가진 학생들이 적극적으로 참여하고 교사와 함께 계획을 세울 수 있도록 이끈다. 그리고 계획 단계에서 비용 부분을 꼭 확인해야 한다. 학급에 책정된 학교 예산이 있는지, 혹은 가정경제 형편에 따라 예산이 지원되는 학생이 있는지 관련 예산을 확인한다. 수익자 부담 여부도 이때 결정한다.

■ **학급 행사 '계획서'**

20○○년 ○학년 ○반 학급 행사 활동 계획

1. 목적

담임교사와 학생이 문화 활동과 놀이 활동을 통해 서로 간에 원활한 상호작용과 의사소통의 기회를 가진다. 학교와 다른 편안한 분위기에서 학생들의 관계와 생각을 파악하고, 이를 통해 이후 학교생활을 하는 데 도움을 준다. 학생 간에 배려와 존중하는 계기를 만들고, 함께하는 기쁨을 깨닫게 하여 공동체 의식을 길러 활기찬 학급 및 학교생활이 될 수 있는 계기를 마련한다.

2. 기본 방침

가. 4호선 서울역(국립극단 백성희장민호 극장 근처) 앞에 개별적으로 집합한다.
나. 모든 활동은 선생님의 지도하에 학생들이 중심이 되어 활동하고 안전 지도에 만전을 기하도록 한다.

다. 공공장소에서 예절과 질서를 지키고, 공동체 의식 함양을 위한 프로그램을 실시한다.

라. 지도교사는 귀가 시까지 학생들의 이상 유무, 건강 상태 및 인원을 점검한다.

마. 연극비, 점심 식사, 간식비 등에 소요되는 비용은 각자 부담한다.

3. 개요

가. 일시: 20○○.○○.○○.(○요일) 13:00~17:00

나. 장소: 서울역 일대(서울역 인근 식당, 국립극단 백성희장민호 극장 근처)

다. 대상: ○학년 ○반 학생 ○○명 중 희망자

연번	이름	연번	이름
1		8	
2		9	
3		10	
4		11	
5		12	
6		13	
7		14	

라. 지도교사: ○○○

마. 준비 일정

1) 20○○.○○.○○.(○요일) ~ ○○.○○.(○요일) 가정통신문 배부 및 회수

2) 20○○.○○.○○.(○요일) 활동 안내 및 오는 길, 준비물 안내

바. 활동 계획(일정표)

일자	시간	세부 일정	비고
○○.○○.(○요일)	13:00	4호선 서울역 앞 집합(인원 점검 및 일정 안내)	
	13:00~14:30	점심 식사	
	14:30~17:00	연극 관람	
	17:00	4호선 서울역에서 개별 해산	

4. 안전 지도

1. 모든 체험 활동 시 지도교사가 인솔 및 통제하며, 안전을 위하여 개별 활동은 하지 않는다.
2. 정해진 시간 및 일정을 잘 지킨다.
3. 관람 중 위험한 장난이나 무례한 행동을 하지 않는다.
   – 관람 중 다른 관람객에게 피해가 되는 행위(고성 지르기, 친구와 장난치기 등)
4. 이동 시 선생님의 지도에 잘 따르도록 한다.
5. 교통사고 등 안전에 주의하도록 한다.
6. 관람 활동에 필요한 준비물을 잘 챙겨 오도록 한다.
7. 공공시설물을 깨끗이 사용하고 피해를 주지 않도록 한다.

3) 꼼꼼하게 학급 행사 알리기

계획서가 완성되면 학년 부장, 교감, 교장에게 학급 행사의 취지를 설명하고 학생들과의 활동 여부를 협의해야 한다. 담임교사가 미처 생각하지 못한 교육과정의 운영 문제나 안전과 예산 관련 내용을 확인하고, 학급 행사 추진 여부를 최종 결정한다. 사전 협의와 확인 절차 없이 담임교사 독단적으로 진행하지 말자. 선한 의도로 시작한 일임에도 본의 아니게 낭패를 겪을 수도 있다. 반드시 계획서와 가정통신문, 관련 자료를 첨부해 학교장의 결재를 받고 진행한다.

■ **학급 행사 '기안문'**

수신	내부 결재
제목	20○○학년도 ○학년 ○반 학급 행사 계획 및 가정통신문 발송

1. 20○○학년도 ○학년 ○반 학급 행사를 다음과 같이 실시하고자 합니다.
   가. 일시: 20○○.○○.○○.(○요일) 15:10~18:00
   나. 장소: ○학년 ○반 교실
   다. 대상: ○학년 ○반 학생 ○○명
   라. 지도교사: ○○○
   마. 목적: ○학년 활동을 정리하면서 서로에 대한 이해를 높이고 친목을 다짐
   바. 내용: 학생들이 기획한 활동 프로그램 진행

시간	내용	비고
15:10~15:40	멍 때리기 대회	진행자 ○○○
15:40~16:30	알아보기 ○× 퀴즈	진행자 ○○○, ○○○
16:30~17:00	다 함께 범인을 찾아라!	진행자 ○○○
17:00~18:00	간식 나누기	학교 폭력 UCC 대회 수상 학급 간식비로 피자 및 각자 준비한 과자 나눠 먹기

학교 외부에서 활동하는 경우 담임교사의 사전 답사가 필요하다. 담임교사가 해당 장소를 둘러보며 교통편과 학생들의 동선 파악 및 안전을 위한 각종 사항 확인, 그리고 주변 환경이 학생들에게 유해하지 않은지 등을 점검하기 위해서이다. 담임교사나 어른들에게는 익숙하고 특이점이 없는 장소라도 학생들의 입장에서 살펴보면 다를 수 있다. 학급 행사 활동 장소로 적합한지 다시 한번 살펴보는 시간을 가지고 꼼꼼하게 점검해야 한다.

한편 가정통신문을 발송하여 학부모들에게 학급 행사를 안내하고, 참여 학생들의 학부모 서명이 들어간 회신서를 받아 두는 것을 잊지 말자.

■ **학급 행사 '가정통신문'**

| **학급 행사 안내** |

도심으로의 짧은 여행

오늘날의 학생들은 우리 세대와는 많이 다릅니다. 채찍과 훈계보다는 체험과 공감을 통해서 생각과 행동을 형성해 가는 특징이 있지요. 따라서 학생들의 인성교육은 통제와 훈육에 의해서가 아니라 개인의 행복이 공동체의 행복에 기여할 때 더 커지는 경험을 빈번히 하게 함으로써 그들 안의 자율 의지와 도덕성을 끌어올릴 때 더 효과적이라는 것을 담임을 맡으면서 깨달았습니다.
학급 행사는 학급 구성원들에게 일체감을 느끼게 합니다. 그동안 우리 반은 매달 1회 정도의 학급 행사를 해 왔으나, 늘 당일 행사로 끝나는 아쉬움이 있었습니다. 이에 한 해를 잘 살아 준 아들딸들과 자축의 의미로 1박 2일 학급 야영을 계획해 봅니다. 12월 ○일(○요일), '도심으로의 짧은 여행'을 떠납니다.

○학년 ○반이라는 이름으로 함께할 수 있는 학급 행사는 이게 마지막이겠지요. 우리 아이들은 한 달 전부터 함께 잔다는 것에 들떠 있습니다. 걱정이라면 기온이 갑작스레 떨어져서 감기라도 걸리지 않을까 하는 염려입니다. 함께 뒹굴며 친구들과의 우정, 담임샘과의 사랑을 돈독히 하는 시간을 만들겠습니다.

시를 외고, 늦은 밤 남산 길을 걷고, 친구와 밤을 지새워 보는 일…… 사춘기 시절에 얼마나 소중한 경험이고 학습인지 아시리라 믿습니다. **우리 아이들이 홀가분한 마음으로 학급 행사를 즐길 수 있도록 금요일 오후의 학습 일정을 비워 주시기 바랍니다. 감사합니다.**

1. 일시: 20○○.12.○.(○요일) 18:00 ~ 20○○.12.○(○요일) 13:00
2. 장소: 서울국제유스호스텔 www.seoulyh.go.kr, 319-1318(※ 배상 책임 보험에 가입된 수련 기관입니다.)
3. 교통: 1165번 → 수유역 → 충무로역 4번 출구 → 도보 980m
4. 프로그램(※ 당일 사정에 따라 약간의 변동이 있을 수 있음)
   DINNER FOR 6, 진로 체험(맛을 찾아서), 남산 야간 트레킹, 퀴즈쇼, 라면 파티, 조조 영화 관람
5. 회비: 21,000원(수익자 부담, 사전 납부)
6. 가져와야 할 것: 눈밭에 뒹굴어도 될 만큼 따뜻한 복장, 걷기 편한 신발, 신나게 놀 마음, 식재료 등
7. 가져오지 말아야 할 것: 휴대폰, 근심거리, 학원 숙제 등
8. 담임 연락처: 010- **** - ****

회신서

학급 행사 참석 여부를 알려 주세요.
불참 시에는 사유를 간략히 써 주시기 바랍니다.

예쁜 ( )학년 ( )반 ( )번 학생 이름: (인)
학부모 이름: (인)

참석	불참

진행, 서로에게 몰입하고 즐기는 시간

계획이 잘되어 있으면 진행은 상대적으로 수월하지만, 때로는 학급 행사일에 예상치 못한 일이 발생할 수 있기에 주의를 소홀히 해서는 안 된다. 학생들이 스스로 안전을 지키고 의미 있는 활동을 하도록 돕기 위해 담임교사가 유의할 사항을 살펴보자.

1) 안전 교육하기

행사를 진행하기에 앞서 학생들에게 안전 교육을 해야 한다. 익숙한 교실이나 학교 공간이라도 학급 분위기와 그날 활동 내용에 따라 새로운 안전 지도가 필요할 때가 있다. 특히 학교 외부 활동은 이동할 때, 공간을 이용할 때, 상황이 변할 때 등 여러 상황에 대처할 수 있는 안전 교육이 필요하다. 다른 장소로 이동하거나 활동을 시작하기 전에 학생들과 안전한 활동의 중요성에 대해 이야기를 나누고, 사고 없이 행사를 진행할 수 있도록 노력해야 한다.

2) 역할과 진행 방법 정하기

진행자가 누구이냐에 따라 담임교사의 역할이 달라진다.

먼저 담임교사가 진행하는 행사를 살펴보자. 박물관이나 미술관 등 학습적인 요소가 주로 포함된 행사는 담임교사의 주도하에 진행된다. 담임교사가 행사를 직접 진행할 때는 학생들이 어떤 동선과 내용으로 활동할지 사전에 구성하되, 학생들이 어떤 부분에서 활동에 참여할 수 있는지 점검한 뒤에 새롭게 구성하는 것이 좋다.

예를 들어 경복궁을 탐방한다면, 모둠별 활동을 구성하여 학생들에게 간단한 수행 과제를 주고 멋진 수행 결과에 보상하는 방식으로 학급 활동을 만들 수 있다. 수행 과제에는 경복궁 공간의 특색을 활용한 활동도 있지만, 기본적으로 활동을 준비하기 위한 정시 도착이나 활동 후 정리를 위한 소감문 작성과 같이 행사를 원활하게 이끌기

■ **경복궁 탐방 활동 수행 과제**

모둠 이름			
모둠짱			
모둠원			
수정전 앞에서 브이 하며 꽃받침 모둠 사진 찍기(클래스팅)	담임샘에게 모둠원 두 명 연속 묵찌빠 이기기(엽전 1)	자경전에 있는 십장생 무늬 굴뚝을 찾아 사진 찍기(클래스팅)	담임샘의 돌발 문자 퀴즈 답 맞히기(엽전 1)
서촌/이상의집 구경하고 이상의 시 「거울」에 어울리는 사진 찍기(클래스팅)	경복궁의 화재를 예방하기 위한 시설 찾아 사진 보내기(문자) (엽전 1)	담임샘의 아름다운 모습을 사진 찍기(못생기면 안 됨) (클래스팅)	모둠원 전원 아침 정시 도착
연못에 비친 경회루를 찾아 같은 동작으로 사진 찍기(클래스팅) (엽전 1)	서촌/통인시장 앞에서 선생님과 만나기	외국인과 함께 사진 찍기(예절 바르게) (클래스팅) (엽전 1)	월대 위의 조각 중 두 가지 동물 앞에서 그 동물 흉내 내며 사진 찍기(클래스팅)
함화당 서쪽에 장을 보관하던 장고(장독대) 사진 찍기(클래스팅)	경복궁에서 전기가 제일 먼저 들어온 곳을 찾아 사진 보내기(문자)	서촌/대오서점에서 아이유처럼 사진 찍기(클래스팅)	근정전 앞에서 다른 모둠과 함께 사진 찍기(클래스팅)
1. (엽전 1)이 있는 미션은 성공 시 무조건 엽전 지급! 2. 네 줄의 빙고를 완성할 시 엽전 10개 지급! 3. 친구들과 협동하는 모습을 보일 시 보너스 엽전을 받을 수 있음!			

위한 요소까지 넣을 수 있다. 이와 더불어 모둠 활동을 원활하게 할 수 있는 모둠별 보상과 개별 학생의 활발한 참여를 위한 개별 보상을 함께 구성하면 좋다.

두 번째로는 학생 주도로 진행하는 행사가 있다. 학교행사에 덧붙이는 활동이거나 친밀성을 높일 목적으로 기획한 학급 행사는 학생 주도로 진행할 수 있다. 이러한 행사는 교사가 보조로 참여하면서 운영팀 학생들과 긴밀하게 협의해야 한다. 행사 목적에 들어맞는 활동을 준비하고 진행하되, 학생들의 의견을 최대한 받아들여 스스로 책임감을 느끼며 친구들과 의미 있는 활동을 준비하고 진행하도록 돕는다.

주기적으로 진행하는 학급 행사는 초반에 한두 차례 내용과 방법을 만들어 두면 그 이후에는 학생들 스스로 꾸려 가기 어렵지 않다. 예를 들어 생일 축하 행사는 월별로 이루어지는데, 3월에 학생들과 함께 진행하고 이후부터는 학생들이 직접 날짜와 시간, 운영 방식을 정해 꾸준하고 일정하게 굴러가도록 한다.

일시적으로 진행하는 학급 행사는 담임교사가 학생들과 목표와 준비 사항, 프로그램 운영 방안을 협의한 뒤에 학생들에게 구체적인 프로그램 구성과 진행을 맡긴다. 학생들이 주도적으로 진행하는 과정에서 필요한 사항을 요구하면 도움을 주거나 학생들이 서로 잘 어울릴 수 있도록 조언한다. 담임교사는 활동 자체보다 학생들이 행사를 진행하는 과정에서 소외되고 친구들과 어울리는 데 어려움을 겪는 아이들에게 집중한다. 이들이 행사에 함께 참여할 수 있도록 지원하고 지지하는 역할을 해야 한다.

정리, 의미를 되새기고 성장을 돌아보는 시간

학급 행사를 마무리하면 홀가분한 마음에 그치는 담임교사가 많은데, 학생들과 함께 해당 학급 행사의 의미를 성찰하는 시간을 놓치지 말자. 활동 자체로도 학생들에게는 충분히 값진 시간이고 학급에도 좋은 영향을 미치겠지만, 활동을 되새기며 잘된 점과 배울 점, 아쉬운 점과 보완할 점을 생각해서 추후 학급경영에 반영하면 학급 구성원 모두 성장할 수 있다.

1) 마무리 후 학부모에게 알리기

학급 행사가 끝나면 학부모에게 연락을 남기도록 한다. 일과 이외의 시간이나 학교 이외의 장소에서 활동한 경우에는 학생들의 소재지가 불분명할 수 있기 때문이다. 귀가 지도에 대한 당부를 남기는 문자 정도가 적당하다.

"안녕하세요, ○반 담임입니다. 오늘 경복궁에서 진행한 학급 행사를 잘 마쳤습니다. 아이들의 활동 모습은 클래스팅을 통해 확인하실 수 있습니다. 지금 집으로 돌아가는 중입니다. 이후 안전하게 집에 도착할 수 있도록 가정에서 지도해 주시기 바랍니다. 감사합니다."

2) 학급 행사를 성찰하는 기록하기

학교행사는 해당 프로그램의 담당자가 행사를 마친 뒤에 설문 조사나 소감문 형태로 피드백을 받고, 학생들이 행사에 대한 느낌과 생각을 남길 수 있는 시간을 마련한다. 이에 반해 학급 행사는 이 과정을 생략하는 경우가 많다.

학급 행사를 마치자마자 바로 서로의 생각을 짤막한 문장이나 단어를 빌어 이야기하거나 학급에서 활용하는 SNS나 게시판 등에 남기도록 하자. 아니면 감정과 생각을 정리하고 2~3일 후에 조회나 종례 시간을 활용해 간단한 글쓰기를 해도 좋다. 담임교사는 학생들의 생각과 성취를 확인할 수 있고, 학생들은 행사에 참여한 의미와 자신의 성장을 돌아볼 수 있는 시간이 된다. 또 사진과 글로 기록을 남기면 추후 문집 등을 만들 때 활용할 수 있고, 학교생활기록부에 활동 내용을 기재할 수도 있다.

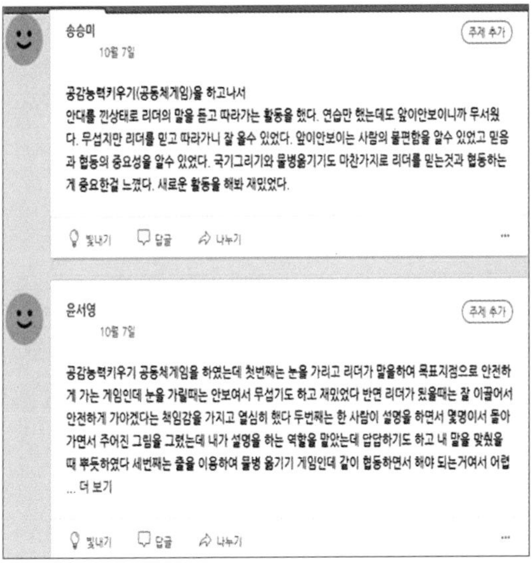

클래스팅에 게시글로 올라온 소감문

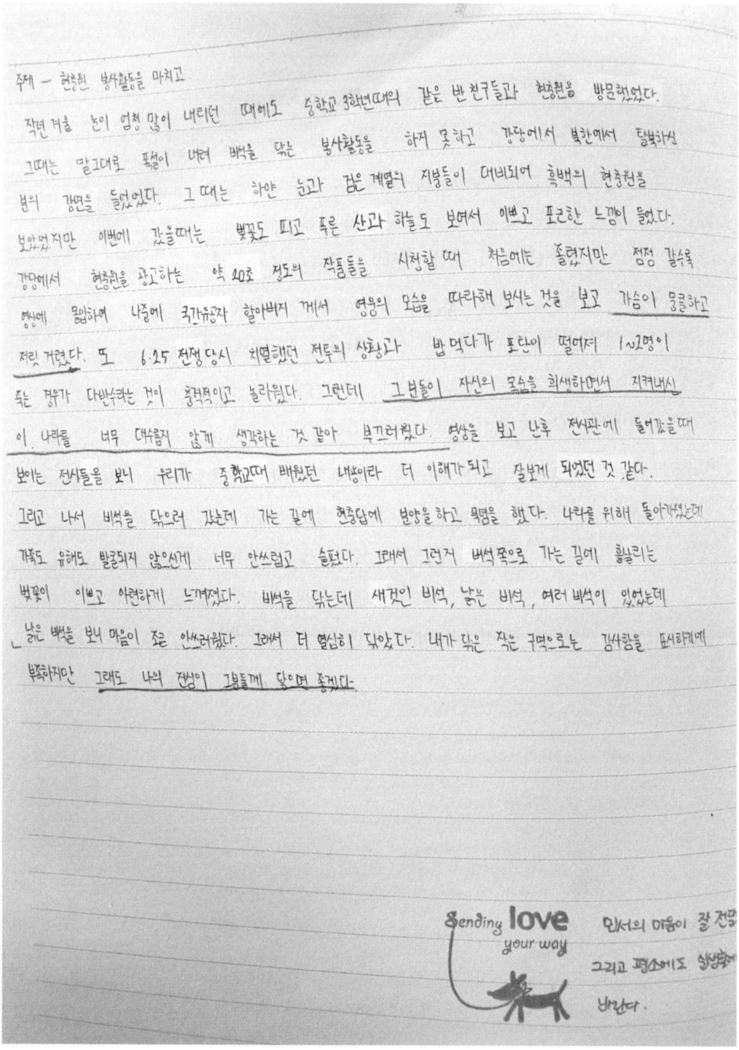

주제 - 현충원 봉사활동을 마치고.

작년 겨울 눈이 엄청 많이 내리던 때에도 중학교 3학년때의 같은 반 친구들과 현충원을 방문했었다. 그때는 말그대로 폭설이 내려 비석을 닦는 봉사활동을 하지 못하고 강당에서 북한에서 탈북하신 분의 강연을 들었었다. 그 때는 하얀 눈과 검은 계열의 지붕들이 대비되어 흑백의 현충원을 보았었지만 이번에 갔을때는 벚꽃도 피고 푸른 산과 하늘도 보여서 이쁘고 포근한 느낌이 들었다. 강당에서 현충원을 광고하는 약 20초 정도의 작품들을 시청할 때 처음에는 졸렸지만 점점 갈수록 영상에 몰입하여 나중에 국가유공자 할아버지 께서 영웅의 모습을 따라해 보시는 것을 보고 가슴이 뭉클하고 저릿 거렸다. 또 6·25 전쟁 당시 치열했던 전투의 상황과 밥 먹다가 포탄이 떨어져 1~2명이 죽는 경우가 다반수라는 것이 충격적이고 놀라웠다. 그런데 그 분들이 자신의 목숨을 희생하면서 지켜내신 이 나라를 너무 대수롭지 않게 생각하는 것 같아 부끄러웠다. 영상을 보고 난후 전시관에 들어갔을때 보이는 전시들을 보니 우리가 중학교때 배웠던 내용이라 더 이해가 되고 잘보게 되었던 것 같다.
그리고 나서 비석을 닦으러 갔는데 가는 길에 현충탑에 분향을 하고 묵념을 했다. 나라를 위해 돌아가셨는데 가족도 유해도 발굴되지 않으신게 너무 안쓰럽고 슬펐다. 그래서 그런지 비석쪽으로 가는 길에 흩날리는 벚꽃이 이쁘고 아련하게 느껴졌다. 비석을 닦는데 새것인 비석, 낡은 비석, 여러 비석이 있었는데 낡은 비석을 보니 마음이 조금 안쓰러웠다. 그래서 더 열심히 닦았다. 내가 닦은 작은 구역으로는 감사함을 표시하기에 부족하지만 그래도 나의 진심이 그분들께 닿으면 좋겠다.

민서의 마음이 잘 전달
그리고 평소에도 성실함에
바란다.

학급 행사를 마치고 쓴 학생의 소감문

차근차근 학급 행사 만들기

1. 학급 행사를 기획하기 위해서 알아보아야 할 것은 무엇일까요?

2. 학급 행사에 앞서 반드시 학교에 알리는 문서를 작성해야 하는 이유는 무엇일까요?

3. 학급 행사를 위한 효과적인 안전 교육 방법을 알고 있나요?

4

학급에 일어나는 변화

공감과 배려의 감수성에 물들다

학급 행사를 활발히 진행하다 보면, 수업에서 존재감이 없던 착실형 아이들, 학교에서 늘 천덕꾸러기였던 내맘대로형 아이들을 칭찬할 기회가 늘어난다. 담임교사는 학습 능력과 교칙을 따지기 전에 먼저 아이들을 있는 모습 그대로 바라보아야 한다. 학급 행사는 그것을 가능하게 한다.

학교에서는 성취형 아이들의 들러리로만 존재했던 아이들, 무언가를 성취하거나 지지를 받아 본 경험이 거의 없기에 자존감이 매우 낮은 아이들. 이들이 힘들어도 꾹 참고 끝까지 달려서 마침내 단체

마라톤 완주 메달을 목에 걸었을 때 신이 난 얼굴로 담임교사에게 달려온다. 담임교사는 이 아이들을 꼭 안아 주기만 하면 된다. 자전거 하이킹도 마찬가지이다.

학급 행사를 꾸준히 하다 보면 교실 안에서 작고 큰 변화가 일어난다. 일단 담임교사의 심신을 지치게 하는 학교폭력대책자치위원회나 선도위원회에 회부될 만한 사안이 크게 줄어든다. 교실 폭력이 사라진다는 말이다. 또 학기 중에 전입생이 온다고 해도 담임교사가 전입생의 적응 문제를 고민할 필요가 없다. 학급 행사로 이미 공동체 감수성을 갖춘 학생들이 새로운 친구를 적극적으로 챙겨 주기 때문이다.

공감과 배려, 교실을 넘어 사회로

학급 행사로 공감과 배려의 태도를 배운 학생들은 교실 밖으로 이를 확장할 줄 알게 된다. 학급 행사를 통해 홀로 어렵게 사는 어르신들에게 김장을 배달한 아이들은 겨울방학을 앞둔 어느 날, 담임교사를 찾아와 그분들을 위해 경매 행사를 하자고 제안했다. 온전히 학생들의 기획만으로 새로운 학급 행사가 탄생한 것이다.

방학식 날 오후, 학부모들을 초청해 독거노인 돕기 경매 행사를 열었다. 아이들은 경매 수익금으로 어르신들을 위한 떡국 재료와 과일을 사고, 설에 받은 세뱃돈까지 보탰다. 방학 중에 자발적으로 모여 다시 어르신들을 찾아가는 제자들을 사랑하지 않을 도리가 없다.

공동체 학급은 하루아침에 만들어지지 않는다. 지금부터 십 년 후에 어떤 담임교사가 되겠다는 꿈을 구체적으로 꾸며 한 발짝씩 걸음을 옮겨야 이룰 수 있다. 걸은 만큼만 길이 된다.

학급 행사로 공동체 학급 만들기

1. 학급 행사를 통해 도달하고자 하는 목표는 무엇인가요?

2. 행사별 특성과 학생들의 참여도에는 어떤 차이가 있을까요?

3. 학급 행사를 위해 준비하거나 기록하는 선생님만의 특별한 노하우가 있나요?

4부

갈등을 딛고 성장하다

교직 2년 차 때를 되돌아보면 희망적으로 시작했지만 힘겨웠다. 발령받자마자 담임 학급을 맡게 되어 허겁지겁 때우듯이 보낸 첫해에 비하면 시작은 나쁘지 않았다. 겨울방학 동안 지난해 아쉬웠던 점을 보완해서 아이들을 맞이할 준비를 했기에 마음의 여유가 있었다. 그런데 나는 준비되었다고 생각했지만 학교 활동과 아이들에 대해서 여전히 모르는 게 많았다. 사소하고 일상적인 부분이 지켜지지 않으니 재미있는 학급 행사는 모래 위에 쌓은 집일 뿐이었다.

학생들은 돌아가면서 각종 사건에 연루되었고 일주일에 한 번씩은 생활지도부 교사를 만날 일이 생겼다. 반 아이들과 관련된 각종 회의를 일일이 뒤쫓아 다니다 보니 늘 시간에 허덕였다. 엄격하게 대처해야겠다는 생각으로 잔소리하고 다그치면 일은 더 커졌다. 아이들의 폭언과 거친 문자, 반항적인 낙서 등으로 근심과 불안이 끊이지 않는 시간이었다.

지금 생각해 보면 학생들 사이의 갈등 상황과 교사와 학생 사이의 갈등 요소를 해결하기 위해 좀 더 세심하게 살폈어야 했다. 작지만 일상적인 대화에서부터 갈등의 씨앗을 키우지 않도록 노력했어야 했다. 이제는 안다. 담임교사는 학생들 사이에서 일어날 수 있는 갈등을 예상하고 예방하려고 노력해야 한다는 것을.

자, 다음 질문에 대해 답해 보자. 당신은 지금 ○학년 ○반이라는 바다를 항해 중이며 이따금 심한 멀미를 겪는다. 다음 중 멀미를 멎게 하는, 가장 확실하고 지속 가능한 방법은 무엇일까?

① 그때마다 상담실이나 친구를 찾아가 하소연한다.
② 내년에 좋은 아이들을 만날 거란 기대로 어서 올해가 가고 내년이 오기를 기다린다.
③ '좋은 아이들이 어딘가에 있을 거야.'라는 생각을 지우고 지금의 바다와 하나가 된다.
④ 멀미를 일으키는 아이들을 원망하며 울부짖고 한탄한다.

멀미를 근본적으로 멈추는 방법은 하나밖에 없다. 육지를 잊고 바다와 하나 되는 방법뿐이다. 아이들을 탓하거나 회피하는 담임교사는 갈등 상황을 증폭시킨다. 낯설고 어색한 학급을 하나의 공동체로 만들어 갈 때 교실 내 갈등은 최소화된다.

4부에서는 학급 내 발생하는 갈등을 예방하거나 극복하고, 담임교사와 학생이 함께 한 발짝 나아가는 방법을 만나 본다.

1

아이들과 함께 겪는 성장통

만남의 경계에서 꽃이 핀다

담임교사의 역할을 감당하는 교사들의 모습은 천차만별이다. 일의 성격이 명확하게 규정되어 있지 않고 모호하기 때문이다. 담임교사를 학급의 행정 업무를 처리하는 사람으로 생각하는 이가 있는가 하면, 학생들과 관련한 모든 일에 관여하는 전천후 역할을 하는 사람으로 생각하는 이도 있다.

담임교사 스스로 자기 역할을 어떻게 규정하는가에 따라 그 일을 수행하는 마음가짐과 태도가 크게 달라지며, 학생들과 만날 때도 그 접점과 범주가 달라진다.

1) 부딪힘을 '만남'으로

담임교사는 표면적으로는 매일 학생들을 만난다. 그러나 매일 얼굴을 봐도 의례적인 인사만 주고받는다면, 그것은 만남이 아니라 부딪힘이다. 진정한 만남이란 상대방에게 지속적으로 관심을 기울이며 관찰하고, 상황과 대상에 대한 이해를 바탕으로 적절한 표현을 주고받는 것이다. 담임교사가 학생을 하나하나의 존재로 대할 때에만 '만남'이 일어난다. 그 만남의 경계에서 꽃이 핀다.

"우리 ○○가 왜 오늘은 이렇게 기운이 없지? 어디 아프니?"

"보물찾기에 ○○의 이름을 쓴 친구들이 많던데? 배려심이 많고 잘 도와준다고. 고마워, ○○야."

담임교사는 학생 개개인이 지닌 특성을 잘 파악하여 학급 활동과 학교생활에 반영하도록 노력해야 한다. 학생들이 가진 욕구를 학급 안에서 적절히 풀어낼 방법을 생각할 필요가 있다. 학생들이 감정을 왜곡하지 않은 채 올바르게 표현하고 이해할 수 있도록 도우려면, 교육적인 고려를 하고 학생들의 감정과 표현에 대한 민감성을 갖춰야 한다.

2) 학급 내 안정감 유지하기

한 해 동안 담임교사가 직면하는 학급 상황이 매번 즐겁고 유쾌할 수는 없다. 학생들의 일탈 욕구나 갈등 상황을 온전히 피해 갈 수 없기 때문이다. 학기 초부터 불안해 보이는 학생이 눈에 띈다거나 실타래처럼 잔뜩 꼬여 있는 학생들의 관계도 눈에 들어온다. 주기적으로 전화해서 속을 긁는 학부모가 있을 수도 있다. '우리 반에 문제가 생기면 어쩌지.', '아이들 간에 싸움이 벌어져 학교 폭력이 불거지면 어쩌지.', '학부모에게서 불쾌한 민원이 들어와 고생하면 어쩌지.' 등등 담임교사로서 맞이하게 되는 다양한 문제 상황을 걱정하기 마련이다. 또 느닷없이 불거지는 문제들도 있다. 한마디로 담임교사에게는 바람 잘 날이 별반 없다.

서른여 명의 학생과 그들의 가정, 일 년의 시간, 교실과 학교라는 공간. 이 모든 환경에서 발생하는 온갖 문제를 담임교사가 완벽히 해결하거나 예측하여 대비할 수는 없다. 그렇지만 담임교사는 문제가 생기더라도 교육적으로 원만하게 해결할 수 있다는 희망을 놓지 않고 안정감을 유지해야 한다. 안정감은 문제가 생겼을 때 담대하게 생각하고 처신하는 데 큰 도움이 된다. 평소 꾸준한 학급 활동을 통해 갈등을 최소화할 수 있다는 가능성을 믿고 차근차근 준비할 때 안정감을 유지할 수 있다.

우리 삶이 그렇듯이 학급도 하나의 생명체와 같아서 지지고 볶는 갈등과 미묘한 문제 상황을 겪으면서 그 안의 관계가 깊어지고 성장한다. 때로는 갈등을 통해 더욱 긴밀하고 의미 있는 만남이 이루어질 수도 있다. 갈등 상황에 어떻게 대처하느냐에 따라 담임교사에 대한 신뢰도를 높이고 든든한 지원군을 얻는가 하면, 깨진 쪽박처럼 회복할 수 없는 관계로 전락하기도 한다. 문제는 갈등 자체가 아니라 갈등을 해결하는 '과정'이다.

마음 열기, 학급 성장의 시작

학생들과 상담하는 횟수는 많은데 대화가 겉돌기만 하고 의례적인 이야기만 계속되어 답답한가? 아이가 담임교사에게 마음을 닫고 통 말하려고 하지 않아서 안타까운 일은 없는가? 자잘한 오해와 어긋난 타이밍으로 인해 자신을 솔직하게 표현하지 않는 학생과의 관계에서 갈등의 씨앗을 없애는 소통 방법을 들여다보자. 아이들의 마음을 여는 것이 바로 학급 성장의 시작이다.

1) 정기적으로 상담하기

담임교사와 학생은 상담을 통해 관계를 형성하고 소통할 수 있다. 사람을 이해하고자 할 때 대화를 늘리는 것만큼 좋은 방법은 없다. 혹여 학생들이 상담을 불편한 시간으로 인식하지 않도록 정기적인 개인 상담이나 모둠 상담 시간을 학급 자체적으로 운영하면 좋다. 그리고 수업과 행정 업무에 떠밀려 학생들과의 상담을 미루지 않도록 계획을 세워야 한다. 보통 연간 세 차례 정도를 상담 기간으로 정하고, 짧더라도 정기 상담을 운영한다.

① 서로를 탐색하고 기본적인 정보를 공유하는 3월

② 학급·학교 활동을 바탕으로 참여하고 생각을 나눌 수 있는 6월

③ 이번 학년의 생활을 점검하고 새로이 모색하는 9월

정기적인 상담 시간을 잡아 두지 않으면 자칫 문제 상황을 일으키는 학생만 지속적으로 상담하게 된다. 반면 내성적이고 자기표현에 서투르거나, 큰 문제없이 반에서 두드러지지 않는 학생은 상담에서 소외시킬 위험이 있다. 담임교사가 평소에 두루두루 학급 분위기를 살핀다고 하더라도 마주 앉아 학생의 이야기에 귀 기울이는 때만큼 학생을 이해하고 담임교사의 생각을 나눌 수 있는 시간은 없다.

2) 감정 카드• 활용하기

상담 장면에서 나타나는 아이들의 모습은 다양하다. 먼저 다가와 자신을 드러내는 말과 행동을 자연스럽게 하는 아이들이 있고, 작은 소재 하나만 던져도 술술 자기 이야기를 풀어놓는 아이들이 있다. 대체로 교사와 갈등이 없고 외향적인 학생들이다. 그런가 하면 마주 앉아도 무슨 말을 해야 할지 몰라 입을 달싹거리기만 하고, 괜히 겉도는 이야기만 하다가 가는 아이들도 있다. 또 만남 자체를 피하는 아이들도 있게 마련이다. 담임교사와의 관계가 어색하거나 어긋나 있는 학생들이다.

이야기하고 싶은데 표현 방법을 모르거나 현재 감정을 표현하기 어려워하는 학생들과 상담할 때는 적절한 도구를 사용하는 것도 좋은 방법이다. 자기감정과 생각을 표현하도록 할 때 감정 카드를 활용하면 효과적이다.

• 자료 제공: 인수중학교 이경민 교사

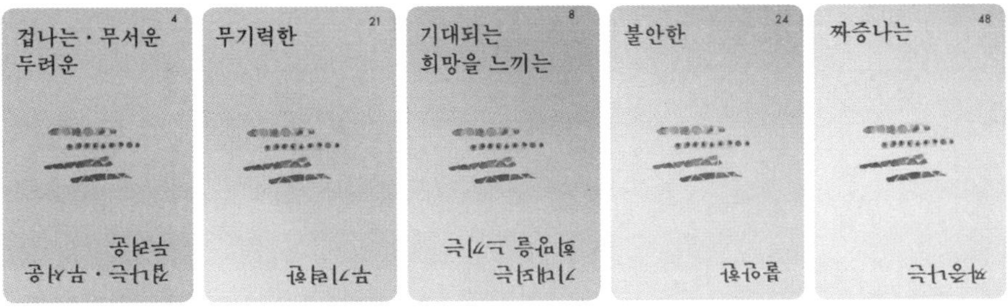

자기감정과 생각을 표현하는 데 활용하는 감정 카드

감정 카드는 우리가 느끼는 섬세한 감정 중 50~60여 개를 추려 적은 카드이다. 해당 감정을 드러내는 상황이나 표정을 그림으로 표현한 카드도 있다. 부족하다고 생각하는 감정은 직접 만들어 추가해도 된다.

학생들에게 감정 카드를 준 뒤 직관적으로 지금 느끼는 감정과 비슷하면 선택하고, 그렇지 않으면 지나가게 한다. 대부분 학생은 카드를 보고 고르는 일 자체를 신기해하거나 즐거워한다. 여러 장을 고르는 학생도 있고 그렇지 않은 학생도 있다. 어떤 감정 카드를 선택하는지 보는 것만으로도 아이의 상태를 짐작할 수 있다.

어떤 아이는 양가감정으로 인해 전혀 상반되는 감정이 쓰인 카드를 고르기도 한다. 이때 담임교사는 다음과 같은 질문을 할 수 있다.

"○○는 지금 즐겁기도 하고, 우울하기도 하니?"

감정 카드를 가지고 하나씩 질문을 던지며 학생의 마음속 이야기를 끌어내 보자. 조용하고 무뚝뚝한 학생이 수다쟁이가 되고, 교사를 피해 은근슬쩍 뒷걸음치던 학생이 속마음을 툭 터놓는 경험을 하게 된다.

모둠 상담이 발휘하는 힘

담임교사와 학생이 일대일로 만나면 개인적이고 깊이 있는 이야기를 나눌 수 있다. 그런데 친구 관계에서 나타나는 학생들의 모습을 이해하는 것도 중요하다. 이럴 때는 모둠 상담(집단 상담)을 활용해 보자. 학생들에게도 담임교사라는 안전한 울타리 안에서 친구들과 깊이 대화하며 서로 이해하는 시간을 보내는 것은 의미 있다. 모둠 상담은 개별 상담과는 다르게 특별한 분위기가 있다.

1) 인생 곡선 그리기

색다른 친구 관계를 만들고 다양한 친구의 이야기를 서로 들어보게 하려면, 6~10명 정도씩 친밀감이 덜한 학생들을 모둠으로 만들어 상담을 진행한다. 먼저 아이들에게 지금까지 자신이 살아온 인생을 돌이키면서 인생 곡선을 그리게 한다. 단순히 인생 곡선 그리기만 하면 학생들의 관심을 끌기 어려우므로 컵라면을 나눠 먹는 활동을 곁들인다. 전기 주전자에 찬물을 넣고 끓이는 시간 5분, 컵라면에 물을 붓고 기다리는 시간 3분 동안 인생 곡선을 그리라고 한다. 아이들은 컵라면 먹을 생각에 입맛을 다시며 제 나름대로 삶의 굴곡을 그래프에 담는다.

이때 담임교사가 먼저 자신의 인생 곡선을 진솔하고 스스럼없이 털어놓는 것이 중요하다. 약간 사적인 담임교사의 이야기로 친밀한 유대감을 느끼고, 비밀을 공유한다고 생각하게 만든다. 그리고 한 명씩 돌아가면서 자신의 인생 곡선에 나타난 사건과 변곡점, 이유 등을 소개한다. 즐겁고 밝은 분위기로 이끌되, 다른 친구들의 이야기를 경청하고 진지한 분위기로 임할 수 있도록 유도한다. 인생 곡선 이야기를 다하면 컵라면을 맛있게 나눠 먹는다.

라면 한 그릇에 인생살이와 조금 은밀한 이야기를 담아내는 이 시간은 아이들에게 꽤 흥미로운 경험이 된다. 그렇기에 많은 아이가 '덜 친하지만 새롭게 만날' 친구들과의 모둠 상담을 기다린다.

2) 그림으로 표현하기

상담하는 학생들이 그림을 그려 마음을 드러내도록 도와 보자. 이는 미술 치료에서 사용하는 방법이다. 유난히 무리를 지어서 싸우거나 친구에게 상처를 주는 학생들에게 적용하면 좋다. 갈등을 직접 해결한다기보다 아이들에게 마음을 추스를 시간을 줄 수 있다.

"지금 이 순간 떠오르는 사람을 떠올려 보자. 누가 있을까?"

"친구요.", "엄마요.", "없어요……."

"사랑하는 사람일 수도 있지만, 미워하는 사람이나 나를 힘들게 하는 사람을 떠올려도 괜찮아. …… 사람을 떠올렸으면 이제 그 사람의 책상 서랍 안에 뭐가 있을지 그려 보자. 혹시 그림을 그리는 것이 너무 어려운 사람은 글로 써도 좋아요. 시~작!"

아이들은 사뭇 진지한 모습으로 그림을 그린다. 싫은 사람의 얼굴이 아니라 그 사람이 쓰는 물건이라고 하니, 색다른 답들이 나온다.

그리고 서랍 안에 있는 물건이 무엇이고, 왜 그런 물건을 가지고 있다고 생각하는지 친구들과 함께 이야기를 나누도록 한다. 친구가 아니라 친구의 물건을 통해 서로를 좀 더 중립적으로 바라볼 수 있는 마음가짐을 만드는 시간이다.

"이번에는 그 사람의 서랍 안에 있으면 좋을 것 같은 물건을 그려 주세요."

머뭇거리는 듯 보이는 아이들도 소망을 담아서 충실하게 그림을 그려 나간다. 새롭게 채워 넣는 물건을 생각하고, 그 친구에게 주고 싶은 물건을 정리해서 그리는 것만으로도 마음의 평화와 안정을 찾는 아이들이 많다.

서로를 알아 가는 모둠 상담

아이들과 함께 성장통 이겨 내기

1. 담임교사로서 안정감을 유지하기 위해 어떤 노력을 하고 있나요?

2. 학생들과의 상담에서 아이들의 마음을 여는 선생님만의 노하우를 가지고 있나요?

3. 담임교사로서 학급 학생들과 관계를 형성하기 위해 평소 어떤 노력을 하고 있나요? 그 노력이 학생들과의 소통에 도움이 되었나요?

2

일상에서 찾는 관계의 실마리

일상 속 대화와 행동 점검

무심결에 지나가는 담임교사와 학생들의 대화 속에서 서로에 대한 친밀감이나 신뢰감이 만들어진다. 담임교사인 내가 학생들과 대화를 나누는 장면을 떠올려 보자.

나는 어떤 말투로 아이들과 이야기를 나누고 있는가? 나의 자세와 행동은 어떠한가? 이를 바라보는 아이들의 태도와 시선은 어떠한가?

한순간의 말이나 행동보다 일상적으로 매일 이루어지는 대화의 양상이 담임교사와 학생들의 관계 또는 분위기를 결정짓는다.

1) 허용과 제재의 언어를 분리하기

> (교무실의 담임교사 주변에서 왁자지껄 떠드는 아이들)
>
> "선생님, ○○가 자꾸만 저에게 욕해요."
>
> "왜? 친하게 지내야지."
>
> "몰라요. 욕해요. 혼내 주세요."
>
> "그래, 이따가 혼내 줘야겠네."
>
> "아니에요. 그냥 장난이에요."
>
> "뭐, 장난? 그러지 마~. 이제 가, 선생님 일해야 해."
>
> "그냥 선생님 옆에 있을래요."
>
> "그러든지……. 난 그럼 일한다."
>
> (아랑곳하지 않고 비속어를 섞어 쓰며 떠드는 아이들)

대화의 상황과 분위기가 그려지는가? 이 대화를 보며 드는 생각은 무엇인가?

대화 속 담임교사와 학생의 관계는 친밀해 보이고 편안하게 느껴지지만, 교육적 관계가 아니며 의미 있는 대화도 아니다. 교사가 하는 말이 학생에게 효과적으로 전달되지 않았기 때문에 학생은 교사의 상황을 고려하지 않고 원하는 대로만 행동하고 있다. 이러한 장면은 하루 이틀에 만들어지지 않는다.

담임교사는 학생과 대화할 때 평소 언어 습관이나 태도와는 별개로 의식적으로 선별한 언어를 사용해야 한다. 이는 수업에만 적용되는 것이 아니다. 담임교사가 사용하는 단어나 대화에 대한 반응이 학생들에게 미치는 영향은 매우 크다. 더군다나 담임교사가 학생들과 대화하는 영역은 주로 생활 습관이나 태도에 관한 것이다. 그렇기에 담임교사는 부드럽고 친밀한 표현만 사용할 수 없다. 학생들이 담임교사를 대할 때 무례한 말과 행동을 하지 않도록 선을 정해 주고, 그에 맞는 허용과 제재의 언어를 분리해서 사용해야 한다.

교사는 학생에 대한 믿음과 사랑, 친밀감을 바탕으로 말하고 행동해야 하지만, 모두 친밀한 언어여야만 하는 것은 아니다. 사랑한다고 해서 제멋대로 뻗어 나가는 가지를 치지 않으면 나무는 더 성장하지 않는다. 나무가 더 클 수 있도록 가지를 치듯이 학생들의 잘못된 표현과 행동에는 적합한 반응을 해야 한다. 학생들의 성장을 위해서는 교사의 언어와 행동에 교육적인 고려가 필요하다. 친밀한 언어와 성장의 언어가 반드시 같은 것은 아니다.

2) 문제 상황에 함께 직면하기

학생들과의 감정싸움을 피하려고 '회피'라는 방어기제를 사용하는 담임교사가 있다. 잔소리와 비꼬는 말투로 극단적인 갈등 상황을 만들어 감정 소모를 하는 것은 옳지 않다. 하지만 관계가 나빠질까 봐 두려워서 또는 귀찮아서 상황을 내버려 두거나 외면하는 것도 능사는 아니다.

학생이 학교생활을 유지하는 데 어려움을 겪고 있다면 문제를 같이 직면할 필요가 있다. 상황에 따라서 표현 방법은 달라지겠지만 담임교사가 지도하고 함께 생각할 문제에 대해서는 지속적으로 언급하고, 학생의 모습을 꾸준히 지켜보며 해결하려는 의지를 드러내야 한다.

예를 들어 등교 시간이 제멋대로인 학생이 3교시에 등교하고도 종례 시간에서야 담임교사를 보며 태연하게 알은체를 한다.

담임 A	담임 B
"선생님, 저 왔어요." "그래. 잘 왔어." "네."	"선생님, 저 왔어요." "그래. 잘 왔어. 그런데 ○○야, 요즘 지각이 잦구나. 아침에 일어나기 힘드니?" "네, 일어나기 어려워요." "그랬구나. 좀 더 일찍 일어날 수 있도록 선생님이 도와줄 일은 없을까?" "딱히. 알람 소리가 안 들려요." "선생님이 아침에 모닝콜도 하고, 초인종도 눌러 주고. 늦게 오면 같이 시도 외우고. 어때?" (황당하다는 표정으로) "네?"

두 교사의 반응을 비교해 보자. 어떤 생각이 드는가?

문제 상황에서 별다른 해결책이 나타나지 않을 때도 있다. 담임교사가 매일 아침 학생을 깨워서 학교로 데리고 올 수는 없는 노릇이다. 학부모와의 협력을 통해서 해결 방안을 모색하기도 하지만, 먼저 학생 스스로 극복할 방법을 찾도록 생각의 방향을 바꿀 수 있는 대화를 진행해 본다. 다소 황당한 제안과 현실적인 제안을 섞어서 이야기하며 문제 상황을 해결하려는 담임교사의 의지와 관심을 드러낼 수 있다.

"선생님이 ○○의 생활에 직접 개입하고 지도해야 변화를 시작할 수 있는지, 아니면 스스로 할 수 있는지 생각해 볼래?"
"우선 혼자서 해 볼게요."
"전날 저녁이나 아침 준비 시간에 어떻게 하면 될까?"
"전날 12시 이전에 자고, 아침에도 서둘러서 움직여요."
"그래도 잘 안 되면?"
"음, 차라리 아빠가 출근하실 때 좀 이르더라도 같이 나올게요."
"나는 ○○가 아침 시간에 같이 와서 책도 읽고, 음악도 같이 들었으면 좋겠어. 친구들과도 더 서먹해지기 전에."
"노력은 해 볼게요."
"아버지께서도 도와주겠다고 하셨으니까 노력해 보자. ○○가 마음먹으면 할 수 있을 거라 믿어."
"우선은요."
"계속해서 지각하게 되면 선생님도 또 다른 방법이나 벌칙 등을 생각하게 될 거야."
"네!"

물론 위와 같이 말했다고 해서 아이의 지각 습관이 극적으로 달라지지는 않았다. 하지만 일찍 나오는 날이 점차 늘어났다. 매우 작은 변화의 가능성을 연 것이다. 이때 지치지 않고 꾸준히 노력하는 게 중요하다. 일찍 오는 날은 반가워하며 맞이하고, 늦게 오는 날은 시를 같이 외우면서 내일의 변화를 함께 다짐하면 된다.

시간이 걸리더라도 교사가 꾸준히 지켜보고 있다는 신호를 보내면, 학생은 스스로 나아지는 방법을 찾아 가려고 노력하게 마련이다. 담임교사는 보조를 맞추어 학생을 응원하고 격려하면서도 필요할 때는 단호하게 문제를 지적해야 한다.

일상적인 갈등 상황 대처하기

학생들과 갈등이 생겼을 때 차분히 대화로 풀어야겠다고 생각하더라도 실제로 상황을 맞닥뜨리면 마음을 추슬러 안정적이고 유연하게 대처하기 쉽지 않다. 갈등이 크고 무거운 상황보다 갑자기 맞닥뜨리는 일상적인 상황일 때 더욱 그렇다.

담임교사와 학생들의 관계에서 자주 발생하는 갈등 상황을 여러모로 생각해 보고, 이를 잘 해결할 수 있는 유용한 대처 방법을 미리 익혀 준비해 두자.

1) 말대답하는 학생에게 말려들지 않기

> "○○야! 예쁘게 말하자."
> "네?"
> "욕하지 않았으면 좋겠어."
> "안 했는데요?"
> "샘이 분명히 들었는데?"
> "안 했어요."
> "왜 거짓말을 하니?"
> "안 했다니까요?"
> "끝나고 교무실로 내려와!"
> "왜요? 샘은 왜 저한테만 그러세요?"

이 같은 상황을 맞닥뜨렸을 때 담임교사들은 대개 목소리가 커진다. 학생들 앞인지라 더 무안하고 화가 난다. 자존심이 허락하지 않아 그만두지도 못한다.

그러나 이 지경까지 왔으면 이미 교사의 완패이다. 다른 수십 명 아이가 교사의 표정, 태도, 말투, 학생이 반항할 때 반응 등 모든 것을 주시하고 있음을 기억하자.

담임교사와 학급 학생들의 관계는 일상이 축적되는 과정에서 이루어지기에 시시각각 영향을 미쳐서 학급의 온도를 결정한다. 따라서 학생 한두 명과의 갈등 상황 때문에 학급 전체 분위기를 어색하게 만들기보다 살짝 우회하는 방법을 택하는 편이 좋다. 머리끝까지 열이 올라와도 그 순간은 참고, 생각을 정리할 시간을 벌어야 한다. 낮고 또렷한 목소리로 아이에게 말하자.

"그래? 종례 끝나고 다시 이야기하자."

일단 흥분을 가라앉히고 나면, 학생을 어떻게 지도할지 이성적으로 생각할 수 있다. 학생들은 버럭 화내지 않고 차분하게 상황을 수습하는 교사에게 안정감과 신뢰감을 느낀다. 문제 상황을 통해 오히려 소통이 원활하고 합리적인 교사라는 믿음을 학생들에게 줄 수 있는 것이다.

2) 학생의 이야기를 먼저 듣고 풀어 가기

(교무실에서, 부드럽게)
"○○야, 조회 시간 일에 대해서 네가 생각한 대로 말해 줄래?"
"………"
"네가 조회 시간에 한 말과 행동을 직접 말해 주면 선생님이 이해하기 좀 더 쉬울 것 같아."
"아침에 스마트폰을 했어요. 선생님 이야기 안 듣고."
"왜 그랬는지 말해 줄래?"
"그런데 중요한 순간이었어요. 아침에 지다가 막 이기는 상황이었거든요."
"응. 게임 하면서 학교에 오니 종이 쳤는데 진행되던 게임을 끄기 아쉬웠던 거구나."
"네, 딱 그 순간만 넘기면 되는데 계속 말을 거시니까. 좀 그랬어요."
"좀 그랬다는 것은?"
"짜증이 났다고요. 말하기도 싫고요."
"그랬구나. 선생님은 네가 뭘 하는지 알 수 없으니까 계속 끄라고만 한 건데. 아쉬움은 있었겠구나."
"네."

학생들과의 대화를 원만하게 이끌기는 쉽지 않다. 꽤 긴 시간을 인내하면서 교사는 말을 한 번 덜 내뱉고, 학생의 이야기를 듣기 위해서 기다려야 한다. 자연스러운 대화는 평소 교사와 학생의 관계가 좋은 경우를 바탕으로 이루어진다. 학생과 상담하거나 일상에서 대화할 때 담임교사가 학생의 말에 귀 기울이고 있고, 충분히 들을 준비가 되었다는 제스처를 보여 줘야 한다.

"하지만 아침에 종이 친다는 것은 조회 시간 준비에 들어가야 한다는 거야. 알고 있지?"

"네."

"그러면 선생님이 스마트폰을 끄고 선생님 말에 집중하라는 것을 이해하겠네?"

"네."

"그리고 선생님 말에 싫다고 하거나 '왜요?'라고 말한 것은 어떻게 생각해?"

"…… 그건 죄송해요. 그래도 저도 아까워서 그냥 나온 거예요."

"그래. 아쉬움이 있는 건 이해하지만 우리가 약속한 거잖아. 조회 시간에는 폰을 끄고 선생님과 이야기를 나누거나 독서하는 거 맞지?"

"네."

"이런 일이 발생하지 않으려면 어떻게 하면 좋을까? ○○의 생각을 말해 보자."

"아침에 종 치면 스마트폰을 끌게요."

"그래. 선생님 생각에는 등교 시간에 게임을 되도록 안 하면 좋겠어. 게임을 한번 시작하면 스마트폰을 끄기 아쉬울 테니까 ○○도 모르게 짜증이 나잖아. 그렇지?"

"생각해 볼게요."

"선생님은 ○○와 잘 지내고 싶어. 스마트폰 때문에 ○○와 이야기할 수 있는 아침 시간을 뺏기고 싶지 않아."

(고개를 끄덕이며) "………"

학생의 실수나 잘못으로 대화하게 되더라도 학생에게 먼저 말할 기회를 주는 게 좋다. 자기 언어로 이야기하다 보면 학생은 뒤섞였던 생각을 정리할 수 있다. 교사는 학생의 말을 듣고 상황을 새롭게 인식하거나 학생의 말에 덧붙여 자기 의견을 말할 수 있다.

3) 목소리가 크고 행동이 거친 학부모 대응하기

전화벨이 울린다. 전화기 건너편에서 학부모의 격분한 목소리가 들린다. 당장 만나자고 한다. 학교로 달려온 학부모의 이야기를 들어보니, 자녀의 부적응 문제를 상의하려고 담임교사에게 문자메시지를 남겼는데 아무 답이 없었단다. 학부모는 자기를 무시하는 거 아니냐며 노발대발이다. 담임교사 입장에서는 억울할 수 있다. 모르는 사람에게서 메시지가 왔으니 답하지 않을 수도 있는 일 아닌가. 이럴 때 문제의 본질을 파악하는 연습이 필요하다.

어떤 사람의 목소리가 크고 행동이 거칠다면, 그것은 그가 불안하다는 증거이다. 자녀와의 관계에서 갈등이나 어려움이 많은 부모일수록 이 같은 상황에서 무시당했다고 느끼기 쉽다. 목소리가 크다고 해서 놀라지 말고, 그 사람의 불안을 가라앉힐 방법이 무엇일까를 먼저 생각하자. 상대방의 불안감에 같이 휩쓸리면 본질은 사라지고 말꼬리만 잡는 진흙탕 싸움이 되어 버리기 마련이다.

공감의 표정과 언어를 사용하고, '최대한 학부모의 입장을 공감해드리며 진정시키는 것이 먼저'라는 생각으로 호흡을 가다듬자. 안정감 있게 대응하면 상대방의 화도 오래가지 않는다.

학생들과의 대화 풀어 가기

1. 담임교사로서 학생들과 자주 이야기하는 주제와 내용은 무엇인가요?

2. 학생들과의 대화에서 습관적으로 하는 말이나 행동이 있나요?

3. 담임교사로서 단호함이나 친밀감을 표현하기 위해 하는 특별한 말이나 행동이 있나요?

3

평화와 협력을 배우는 학급

평화를 배우는 시간

교사들은 흔히 학생들 사이에 갈등이 발생한 상황에서만 교실의 평화가 훼손된다고 생각한다. 하지만 사실 평화와 비평화는 학생들의 생활 속에 뒤섞여 있다. 좀 더 평화로운 방식으로 생각하고 행동하려면 '평화와 폭력'의 문제를 함께 자주 이야기해야 한다.

1) 평화로운 방법으로 소통하기

우선 학생들에게 평화로운 방법으로 소통할 수 있다는 믿음을 주어야 한다. 그리고 평화롭지 않은 방식의 말과 행동을 바꿀 방법을 함께 배워 간다. 학급 활동을 통해 담임교사가 지향하는 가치를 중심으로, 또는 학생들이 인식하는 문제를 중심으로 갈등을 어떻게 해결할지 이야기할 수 있다.

학교에서 전체 학생을 대상으로 하는 창의적 체험 활동으로 학교폭력 예방 교육, 올바른 언어 교육, 사이버 예절 교육 등을 할 때 담임교사가 활동을 추가하면 좀 더 쉽다. 예를 들어 언어 교육을 한 날은 반 학생들이 듣기 좋아하는 말과 싫어하는 말을 조사해서 게시하고, 서로 듣기 좋은 말을 더 많이 사용하도록 살펴보자고 제안한다. 학생들은 자신들 입에서 나온 말로 표현한 게시 글을 친근하고도 중요하게 느낀다. 자신들이 내뱉는 말이 다른 사람들에게 어떤 영향을 미치

■ **'듣기 좋은 말과 싫은 말'에 관한 게시 글**

우리가 원하는 반을 만들기 위해 함께 노력해요!

친구들이 이런 말과 행동을 해 줬으면 좋겠어요!	친구들의 이런 말과 행동은 싫어요!
• 서로 배려하고 존중하는 행동 • 두루두루 다양한 친구가 어울리는 행동 • 남녀가 같이 어울리는 행동 • 어려움을 겪는 친구들을 챙기고 돕는 행동 • 서로의 감정을 이해하고 나누는 행동 • 나를 위해 조언해 주는 말 • "같이하자.", "너랑 함께하고 싶어." • "고마워.", "미안해." • "내 생각에는 ~한데 넌 어떻게 생각해?"	• 위험한 몸 장난이나 때리는 행동 • 물건을 던지고 노는 행동 • 친구가 없는 곳에서 험담하는 일 • 서로의 잘못된 행동만을 감시하는 일 • 비꼬는 말, 모욕하는 말, 깎아내리는 말 • "어쩌라고.", "짜져 있어.", "관종이냐?" • 개인적인 일에 심하게 간섭하는 것 • 말끝마다 욕을 붙이는 것 • 고자질

는지 볼 수 있도록 게시하고, 함께 생각하며 듣기 싫은 말을 줄이는 기간으로 정해 보는 것도 좋다.

2) 평화로운 학급 만드는 방법 고민하기

평화로운 학급을 만드는 일은 쉽지 않다. 두 학생 사이에서도 서로 의견을 맞추지 못해 갈등을 겪는 경우가 허다한데, 서른여 명의 학생이 모두 마음을 맞춰 학급의 평화를 만들기가 어디 쉽겠는가.

먼저 평화를 위한 학급 규칙을 만들고 학급 내에서 규칙이 잘 지켜지는지 확인해야 한다. 특히 갈등이 발생하면 어떻게 대처하고 처리할지에 대한 내용을 규칙에 포함한다. 평화를 만들어 가고 갈등을 해결하는 방법에 대해 함께 생각하는 시간을 가진다. 아이들끼리 원만한 의사소통을 통해 갈등을 해결하기도 하지만, 담임교사의 개입이나 학교 차원의 접근이 필요한 때도 있다. 문제별 대처 방안과 학급 내 갈등 예방 방안을 모색한다.

이때 갈등을 평화로 만드는 데 완충 역할을 하는 친구들이 필요하다. 또래에 비해 성숙해서 다른 친구들이 소통할 때 연결 고리가 되어 주는 학생이나 경청과 배려를 잘하는 학생을 또래 상담자로 활동하게 할 수 있다. 학급 학생들로만 운영하는 것은 한계가 있으니, 학교 상담실의 프로그램을 활용할 수 있도록 지지하고 지원한다.

학생들이 친구 관계, 넓게는 인간관계를 원만하게 하는 기술을 함께 익히도록 돕는다. 학교에서는 인성 교육이라는 이름으로 창의적 체험 활동 시간에 프로그램을 마련하기도 한다. 상호 존중 기술, 의사

■ '평화로운 반 만들기' 활동지

평화로운 반 만들기

(　　)학년 (　　)반 이름 (　　)

평화는 그냥 주어지지 않습니다. 우리 주변에 갈등과 무관심이 없는지 잘 살펴보고 우리 스스로 해결하고 평화를 만들어 가야 합니다. 우리가 함께 만들었던 규칙 중 갈등을 원만하게 해결하기가 잘 이루어지고 있는지 생각해 봅시다. 자신의 생활을 잘 돌아보고, 다 함께 노력합시다!

<table>
<tr><td rowspan="2">1. 우리 반의 평화 지킴이. 친구들끼리 갈등이 생겨도 폭력을 쓰지 않고 말로 해결하며 평화로운 분위기를 만드는 데 도움 주는 친구 3명만 뽑는다면?</td><td>이름</td><td>내가 보거나 들은 구체적인 행동, 상황</td></tr>
<tr><td></td><td></td></tr>
<tr><td rowspan="2">2-1. 우리 반의 무법자. 친구 간의 갈등을 욕설이나 폭력으로 해결하거나 귀찮게 방해하는 친구 3명만 뽑는다면?</td><td>이름</td><td>내가 보거나 들은 구체적인 행동, 상황</td></tr>
<tr><td></td><td></td></tr>
<tr><td>2-2. 갈등을 폭력적으로 해결하는 친구들에게 하고 싶은 말은?</td><td colspan="2">_____야, 너의 __________한 행동 때문에 나는 _____라고 생각해. 왜냐하면 _____하기 때문이야. 네가 __________해 주었으면 좋겠어.</td></tr>
<tr><td>3. 친구들과의 갈등이나 화났을 때 대처하는 약속</td><td colspan="2">누가 나를 욕하거나 때리면 화가 나는 건 당연해. 하지만……

• 화가 났을 때 나는 ~하는 행동을 꼭 하겠습니다.
—
—
• 화가 났을 때 나는 ~하는 행동을 하지 않겠습니다.
—
—</td></tr>
<tr><td>4. 내가 친구들과 갈등을 풀거나 화를 가라앉히는 방법은?</td><td colspan="2"></td></tr>
</table>

소통 기술, 자기 존중감 향상 기술, 다름을 인정하고 배타적이지 않은 자세와 태도, 서로 도울 방법 등을 학교 프로그램과 연계하거나 앞에서 소개한 학급 행사를 기획할 때 반영하도록 한다.

협력을 만드는 공간

일 년을 한 공간에서 지냈는데도 서먹한 관계로 끝나는 학급이 있다. 모둠을 정하거나 운동경기를 할 때 겉도는 아이들이 많고, 반목하다가 상극이 되는 학급 말이다.

같은 공간에서 함께 시간을 보내고 생활한다고 해서 협력하는 분위기가 저절로 생기지는 않는다. 오히려 서로 잘 아는 관계에서 배척과 소외가 일어나기도 한다. 학생들이 협력하는 태도를 갖추게 하려면, '협력'이란 무엇이고 이를 친구 관계와 학급 생활에 어떻게 활용할 수 있는지 생각하는 기회와 장을 마련해야 한다.

1) 학급 상태를 점검하고 성찰하기

표면적인 싸움이 발생하지 않는다고 해서 평화로운 학급이라고 말할 수는 없다. 현재 우리 학급이 어떤 상태인지 찬찬히 살펴보고, 학생들의 의견을 확인한 뒤 학생들이 각자 그렇게 생각하는 이유와 느낌을 되짚어 볼 수 있어야 한다.

가장 극한 상황의 학급은 폭력과 갈등의 분위기가 팽배하다. 학생들이 자기 힘(물리적 · 금전적 상태 또는 성적 등)을 과시하고, 그렇지 않은 학생은 무시와 소외당하는 일이 일어난다. 따돌림이나 괴롭힘이 일상이지만 교사의 권위가 통하지 않는다. 그런데 대부분 교실은 당장 폭력이 일어나지 않더라도 위계적인 힘의 논리가 학급 분위기를 지배하여 긴장감이 높거나 교사가 통제해야만 폭력이 멈춘다. 또는 학급 구성원 사이에 교류도 없이 자기 이익에만 초점을 맞추고, 친구에게 관심이 없으며, 일상적인 폭력을 방관하는 상태일 가능성이 크다.•

담임교사는 학생들 사이에 오가는 사소한 언어와 몸짓, 표정 그리고 관계 형성에 필요한 감정 교류 등이 잘 이루어지는지 살펴보아야 한다. 직접적으로는 학생들과 일대일 또는 모둠 상담을 하면서 이야기를 끌어낼 수 있다. 또는 주기적으로 학급 분위기를 확인하고 학급 교우 관계를 조사하면서 학급 회의나 담임교사와의 시간을 통해 자연스럽고 원만하게 학급 상태를 점검하고 성찰해야 한다.

학급 학생들이 서로 관심과 애정을 바탕으로 협력하여 어려운 점을 극복할 때 진정한 평화를 바탕으로 하는 학급이 된다. 갈등이 일어났을 때 서로 도움을 주고받으면서 긍정적인 방향으로 변화하려고 노력해야만 하는 것이다. 학생들 스스로 우리 학급의 상태를 점검하면서 갈등을 딛고 함께 성장하고자 하는 의지를 가지도록 이끌어 주자.

• 박종철, 『교실 평화 프로젝트』, 양철북, 2013

■ 학급 학생들과 함께하는 학기 평가서

나와 우리의 1학기를 평가하자

(　　)학년 (　　)반 이름 (　　)

| 자기평가 |

1. 학급 활동

1) 우리 반의 학급 활동에서 자신의 참여도는 어떠합니까?

① 열심히 했고 만족한다.
② 열심히 했지만 드러나지 않았다.
③ 열심히 하려고 했으나 참여할 수 없었다.
④ 학급 활동에 참여하고 싶지 않다.
⑤ 학급 활동에 관심이 없다.
⑥ 기타:

2) 위의 질문에 대한 이유는 무엇이라고 생각합니까?

3) 학급 활동에 있어서 가장 방해가 되는 요인은 무엇이라고 생각합니까?

① 담임선생님의 지나친 관심
② 참여도가 적은 친구들의 태도
③ 모든 일에 무기력한 자신의 나태함
④ 참여 기회가 주어지지 않음
⑤ 자신이 원하는 활동이 별로 없음
⑥ 기타:

(중략)

3. 1학기 학교생활 곡선 그리기

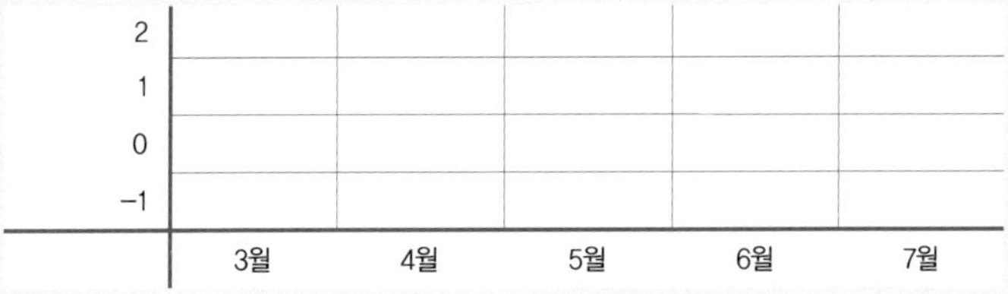

| 학급 평가 |

1. 학급 친구들

1) 우리 학급의 지난 1학기의 모습은?(중복 선택 가능)

① 재미있고 활기찬 반 ② 조용하고 착실한 반
③ 공부만 하는 삭막한 반 ④ 규율이 없고 흐트러진 반
⑤ 모든 면에서 열심이고 공부도 잘하는 반
⑥ 서로에 대해 무관심하고 정이 없는 반 ⑦ 기타:

2) 우리 반의 성적 향상에 방해되는 것이 있었다면 무엇입니까?

① 수업 시간 소란한 분위기 ② 교과 선생님과의 불화
③ 자리 배치 ④ 담임선생님의 무관심
⑤ 없다. ⑥ 기타:

(중략)

3. 학교행사 / 학급 행사

반장 선출, 학급의 날(샌드위치 만들기), 봉사 활동(노동 인권 교실), 매달 생일 축하, 교과 체험의 날(경복궁), 수련 활동, 1학기 마무리 파티, 진로의 날(창의인성교육센터, 명동 퀼트박물관), 기말고사, 빌려 쓰는 지구 스쿨(LG생활)

1) 우리 반이 함께했던 행사와 위에 없지만 기억나는 사건 중에 가장 기억에 남는 1학기 BEST 3는?

학급 행사	그 이유는?
BEST 1	
BEST 2	
BEST 3	

2) 우리 반이 함께했던 행사 중에 가장 아쉬움에 남는 1학기 행사는? 그 이유는?

2) 협력을 위한 놀이 함께하기

3부에서 소개한 다양한 학급 행사는 학생들의 공동체 감수성과 평화 감수성을 키우는 중요한 활동이다. 촘촘하게 짜인 학급 행사에 학생들이 공동 목표를 가지고 함께할 수 있는 놀이를 넣어 보자. 학급 안에서 다 같이 '놀이'하는 자체가 아이들에게는 웃음과 활력소가 된다.

좀 더 목표 지향적인 활동을 중심으로 구성하면 더욱 좋다. 예를 들어 우리 반만의 특색을 나타내는 요리(샌드위치나 떡볶이)를 만들어 보자. 서로 품평도 하고 요리를 맛보면서 "우리 반을 맛으로 표현하면 어떤 느낌일까?" 등을 이야기하다 보면 학급의 정체성을 찾아갈 수 있다.

최근 개발된 다양한 놀이 도구는 힘을 모아야 사용할 수 있는 것이 많다. 공 하나를 천 위에 두고 오랫동안 튕긴다든지, 막대 사이로

우리 반만의 샌드위치 만들기, 공치기 협력 게임, 학급 문제 상황을 몸으로 표현하기(왼쪽부터)

공을 굴려 끝에서 끝까지 간다든지, 도미노를 쌓아서 우리 반을 표현하는 작품을 만든다든지 등등 재미있는 교구를 활용해 보자. 또는 우리 반과 학교의 문제를 몸으로 표현하고, 답을 맞히고, 문제를 수정하는 활동을 하면서 평소 말로는 직접 하기 힘들었던 이야기를 몸짓으로 나눌 수도 있다.

서로 눈빛과 발소리를 맞춰서 관심을 기울이고 집중하다 보면, 학생들 스스로 몸과 마음이 좀 더 가까워지는 경험을 하게 된다.

갈등 후 회복을 위한 노력

갈등은 어디에나 있고, 누구나 갈등을 겪는다. 그런데 학교에서 겪는 갈등은 학생들에게 유독 더 어렵고 힘들다. 어제 싸운 친구와 오늘도 내일도 같은 공간에서 매시간 얼굴을 마주하기 때문이다. 피하면서 없었던 일인 듯이 지내기에는 상처가 너무 크다. 순간의 싸움보다 이후에 생활하면서 받게 되는 스트레스와 신경전이 아이들의 마음에 더 큰 상처를 남긴다. 그렇기에 서로 가진 상처를 치유하고 관계를 회복할 필요가 있다.

쉽지 않지만 행정적인 갈등 해결 절차를 통해 상처를 치유하고 회복하려고 노력해야 한다. 학생들이 평화와 협력을 통해 공동체 감수성을 키우며 성장하게 하는 것은 갈등이 없는 학급이 아니라 갈등이 일어났을 때 회피하지 않고 함께 극복해 가는 학급이다.

1) 학교 폭력 발생 시 담임교사의 역할 확인하기

학교 폭력이 발생했을 때 담임교사가 행정적으로 해야 할 일이 있다. 학교폭력대책자치위원회를 통한 문제 해결이 늘 교육적이라고 볼 수는 없지만, 담임교사는 관련 법률과 행정절차를 정확히 알아 두어야 한다. 교실 폭력과 관련한 담임교사의 미흡한 대처가 오히려 갈등을 키울 수 있기에 주의해야 한다.

담임교사가 꼭 알아야 할 기본적인 학교 폭력 대처 방법을 살펴보자. 더 자세한 내용은 『학교폭력 사안처리 가이드북』• 등을 참고하면 된다.

일단 학급 내에 학교 폭력이 발생하면 생활안전부 또는 각 학년부 사안 담당 교사에게 이를 신고하고 접수한다. 사안 담당 교사가 학생 진술서를 받으면, 그 진술서를 읽고 학생과 면담하여 사안을 파악한다. 학생 면담 시 관련 학생들을 한자리에서 보는 일이 없도록 해야 한다.

사안의 내용이 파악되면 관련 학생의 학부모에게 상황을 알린다. 물론 담당 교사나 책임 교사가 전화로 연락하겠지만 학부모들은 담임교사에게 상황에 대한 안내를 재차 확인하고 싶어 한다. 객관적이고 중립적인 입장에서 담담하게 이야기하되, 관련 학생을 가해자나

• 교육부·이화여자대학교 학교폭력예방연구소, 『학교폭력 사안처리 가이드북』(개정판), 2018

피해자라고 표현해서는 안 된다. 사안에 따라서 신고자, 가해자, 피해자의 입장이 바뀌는 경우가 있기 때문이다.

만약 학교폭력전담기구에서 학교장 자체 해결 사안•으로 결정된다면 관련 확인서를 양쪽 학부모에게 받은 뒤 사안 담당 교사에게 제출한다.

학교폭력대책자치위원회를 열기로 확정되면 관련 학생의 학부모와 통화해서 일정을 알린다. 또 학부모의 정확한 주소를 확인하여 담당자에게 알린다. 담당자가 학부모에게 우편으로 해당 내용을 통지해야 하기 때문이다. 담임교사는 학교폭력대책자치위원회가 있는 날 참석하여 직접 관련 내용에 대한 의견을 말하거나 담임 의견서를 작성해 관련 부서에 제출한다.

이후 학교폭력대책자치위원회에서 어떤 징계 조치가 결정되면 이를 바로 교육행정정보시스템 '나이스NEIS'에 기록한다. 결과는 학부모에게 따로 알리지 않고, 담당자가 서면으로 통지하여 알릴 때까지 기다린다. 이후 조치에 대해 학생과 학부모가 수행했는지 확인하고, 필요한 경우 상담을 진행한다.

이 모든 과정을 표로 정리하면 다음과 같다.

• 피해 학생에게 신체·정신 또는 재산상의 피해가 있었다고 볼 객관적인 증거가 없고, 즉시 잘못을 인정하여 상호 간에 화해가 이루어진 경우, 제삼자가 신고한 사안에 대한 사안 조사 결과, 오인 신고였던 경우, 학교 폭력 의심 사안(담임교사 관찰로 인한 학교 폭력 징후 발견 등)에 대한 사안 조사 결과 학교 폭력이 아니었던 경우.

■ 학교 폭력 사안 처리 과정●

	사전 예방	초기 대응	사안 조사	조치 결정	조치 수용	조치 불복
사안 처리 흐름도	학생, 학부모, 교직원 대상 예방 교육	인지·감지 노력 - 징후 파악 - 실태 조사, 상담, 순찰 등	긴급 조치 (필요시) - 피해 학생 보호 - 가해 학생 선도	자치위원회 심의, 의결 - 자치위원회 소집 - 조치 심의, 의결 - 분쟁 조정	조치 이행 - 피해 학생 보호 조치 - 가해 학생 선도 조치	재심
	또래 활동, 예방 활동	신고 접수 - 신고 접수 대장 기록 - 학교장 보고 - 보호자, 해당 학교 통보 - 교육청 보고	전담 기구 사안 조사 - 사안 조사 - 보호자 면담 - 사안 보고	학교장 처분 - 조치 결과 서면 통보 - 교육청 보고	가해 학생 조치 결과 학교생활기록부 기재 가해 학생 학부모 특별 교육	행정 심판
	CCTV, 학생 보호 인력 등 안전 인프라 구축	초기 개입 - 관련 학생 안전 조치 - 보호자 연락 - 폭력 유형별 초기 대응			사후 지도 - 피해 학생 적응 지도 - 가해 학생 선도 - 주변 학생 교육 - 재발 방지 노력	행정 소송
담임교사 역할	- 제일 중요함 - 예방을 위한 각종 학급 활동 및 꾸준히 교육하기	- 실태 조사, 상담, 순찰 등 협조하기 - 객관적이고 중립적인 자세로 학부모, 학생과 응대하기 - 관련 학생 상담 및 관찰 - 학급 내 관련 사안 재확인하기	- 생활지도 관련 책임 교사, 상담 교사 등과 협조하기 - 사안 조사 및 보호자 면담 보조하기 - 학급 내외 관련 학생 보호 및 선도를 위해 협력하기 - 학급 내 분위기 안정시키기	- 자치위원회 참석 학부모, 학생 파악 및 상담하기 - 자치위원회 참석 시 의견 진술 또는 담임 의견서 작성하기 - 학교장 처분 미리 발설하지 않기	- 학생, 학부모 통지 후 관련 처리 협조하기 - 조치 후 관련 학생 및 사안 관련 학급 분위기 확인하기 - 시기별 필요시 상담하기 - 조치 결과 학교생활기록부 기재	

● 교육부·이화여자대학교 학교폭력예방연구소, 『학교폭력 사안처리 가이드북』(개정판), 2018

2) 작은 감정부터 차근차근 마음 실타래 풀기

○○는 울면서 이야기했다. △△ 무리가 자꾸만 자기를 무시하고 흘겨보는데 같은 교실에서 생활하려니 불편하고 고민된다고 했다. 한 명의 학생을 두고 여러 명의 학생이 정서적인 폭력을 가하는 경우도 학교 폭력에 해당하니 담당 교사와 책임 교사에게 알렸다. 그런데 이 사실을 알게 된 △△가 오해가 있었던 것 같으니 ○○와 만나서 이야기를 나누고 싶다고 했다. 나는 우선 ○○의 의사가 중요하니 생각해 보자고 한 뒤 ○○에게 물었다. ○○는 △△와 함께 이야기하고 싶지 않고 학교폭력대책자치위원회를 통해 해결하고 싶다고 답했다. 1차 사안 조사 결과, 학생들 사이에서 말이 잘못 전달되는 바람에 일어난 일이었고 화해 의사가 있었기에 책임 교사도 나도 학교장 자체 해결 사안이라고 생각하고 있었다.

그러나 ○○가 요청한 대로 학교폭력대책자치위원회가 열렸다. 여러 가지 말이 오가고 ○○가 원하는 해결 방안이 무엇이냐고 물었더니 '담임선생님과 함께하는 모둠 상담'이라고 말했다. 허탈했다. 이미 ○○와 △△ 무리에게 함께 모둠 상담을 해 보자고 이야기했기 때문이다. ○○는 학교폭력대책자치위원회까지 가면 깔끔하게 결론이 날 것이라고 막연히 생각했지만, 감정이 싹 풀리지 않은 것이다. 그러자 이전에 담임교사와 함께한 모둠 상담이 좋았다면서 다시 하고 싶다고 말했다.

며칠 뒤 모둠 상담을 하며 ○○와 △△ 무리는 다 같이 울고 웃다가 막판에는 한바탕 뛰었다. 뒤엉킨 감정의 실타래가 풀린 것이 학교폭력대책자치위원회를 한 즈음인지, 모둠 상담을 하고 나서인지, 아니면 담임교사에게 상황을 털어놓으면서인지는 정확하지 않다. 어쨌든 그들은 여전히 친하게 지내고 있다.

학교 폭력은 크고 무거운 사안이 있고, 오랫동안 풀어야 할 심각한 사안도 있다. 그런데 우리가 자주 접하는 사안 대부분은 사소하고, 자잘하고, 개별적이고, 지지부진한 관계와 관련되어 있다. 이러한 낌새와 징조를 무시하고 넘어가면, 작은 악감정이 쌓이고 관계가 어그러져 돌이키기 힘든 냉랭한 분위기가 되기 마련이다. 악감정이 뭉쳐 더 크고 강력한 폭력으로 돌아오기 전에 미리 예방하고 갈등을 풀어낼 기회를 마련하자.

3) 회복하려는 노력

학생들이 다른 친구들과 감정이 좋지 않다거나 부딪히는 부분이 있어서 이야기를 나누고 싶다고 의사를 표현하면 담임교사는 중재 역할을 한다. 그런데 자칫 교사의 중재가 학생들의 갈등을 부추기는 경우가 있다. 그래서 무조건 혼자서 진행하기보다 같은 학년 담임교사와 합의하여 갈등을 회복하는 시간을 준비해도 좋다. 학급이나 학교 내에서 아이들이 안전하고 평화적인 방법으로 서로의 의견을 듣고 감정을 다스릴 수 있는 시간과 장소를 마련하자.

학교폭력대책자치위원회를 통한 해결과는 별개로 학급 내에서든 학급 간에서든 감정과 관계를 회복하고자 하는 학생들이 있다고 하자. 서로 마음을 털어놓고 상대방에게 원하는 것과 앞으로 만들고 싶은 관계를 이야기하는 자리를 마련할 수 있다. 학급 내 또는 학년 내 갈등이 있는 친구들의 이야기를 들어주고 조정 방안을 제안하는 '또래 조정반'을 운영하면 된다.

또래 조정을 위해 일정 기간 갈등 조정 방법과 평화적인 의견 교류 방법을 배우고 훈련받은 학생들이 모인 학급 동아리나 교내 동아리가 있다면, 갈등을 겪는 학생들이 신청한 후 조정과 중재 과정을 거칠 수 있다. 사소한 갈등은 또래 친구의 조언과 조정이 효과적이기 때문이다. 이때 또래 조정반 학생들에 대한 신뢰를 형성하고, 그들의 조정 기술 역량을 강화하는 것이 중요한 요소이다.

학생들이 또래에게 털어놓고 이야기하기를 부담스러워하거나 사안 규모가 큰 경우는 같은 학년 담임교사 모임을 조정자로 활용하는 방법이 있다. 갈등 조정을 신청한 학생들과 관련 있는 담임교사나 같은 학년의 평화적인 분위기를 만들기 위해 도움을 주고자 하는 교사들이 함께 운영할 수 있다. 학생들에게서 신청을 받아 비정기적으로 운영하지만, 학년 초에 미리 어떤 방식으로 운영할지 협의하고 규칙을 정한다.

학교폭력대책자치위원회의 조정은 대개 행정절차를 따르므로 오히려 감정과 관계를 회복하기 어려운 경우가 많다. 공식 사과문에 진정성이 부족하거나 '조정 없음'으로 판결이 나도 학생들 간의 감정 문제는 풀리지 않고 남는 때가 있다. 이처럼 학교폭력대책자치위원회가 지닌 행정적·결과론적인 한계를 또래 조정반이나 담임교사 모임 조정 시간으로 조금이나마 메울 수 있다.

■ 갈등 조정 모임에서 나눌 수 있는 질문

목적	질문
이해	무슨 일이 있었나요? 자기 입장에서 자세하게 말해 주세요.
파악	상대방이 그런 행동을 했을 때 느낀 점은 무엇인가요?
	가장 힘든 점은 무엇인가요?
	주변 친구들은 이 상황에 대해서 어떤 생각을 가질까요?
	혹시 주변 친구들이 한 말이나 행동이 있나요?
공감	상대방 친구의 말을 들었을 때 어떤 생각이 들었나요?
	친구에게 하고 싶은 말은 무엇인가요?
	오늘 이 자리에서 한 이야기를 들으니 새롭게 든 생각이 있나요?
책임	본인과 상대방의 일을 해결하고자 하는 의지가 있나요?
	어떤 노력을 해야 문제가 해결될까요?
	친구에게 사과나 화해를 하고 싶은 생각이 드나요?
다짐	친구들과의 관계에서 이런 일이 발생하지 않도록 하려면 어떤 노력을 해야 하나요?
	오늘과 같은 일이 비슷하게 발생한다면 어떻게 할 생각인가요?
노력	앞으로 어떤 노력을 할 것인가요?
	선생님, 부모님, 다른 친구들은 어떻게 도와주면 좋을까요?
	상대방 친구가 자신에게 해 주었으면 하는 말과 행동이 있나요?
나눔	오늘 이야기를 다 들었으니 친구의 눈을 보면서 서로의 감정과 생각을 솔직하게 나누어요.
	오늘 이 자리에서 새롭게 알게 되거나 배운 것이 있나요? 느낀 점은 무엇인가요?

갈등을 겪는 학생뿐만 아니라 주변 친구들, 담임교사들 모두가 함께 평화로운 분위기를 만들고 갈등을 극복하기 위해 노력하는 자세가 중요하다. 상한 감정과 어그러진 관계는 한순간의 조정으로 해결할 수 없다. '우리' 문제로 인식하면서 함께 회복하고 극복하려는 분위기를 우선 조성해야 한다.

평화롭고 협력하는 학급 만들기

1. 선생님이 생각하는 평화로운 학급은 어떤 모습인가요?

2. 학생들과 학급의 평화를 위해서 노력하고 있는 활동은 무엇인가요?

3. 교실 내 폭력과 갈등을 예방하기 위한 선생님만의 방법은 무엇인가요?

5부

학부모, 교사와 손을 맞잡고 성장하다

신규 교사 연수를 하다 보면, 수업이나 학생보다도 학부모와의 관계에서 오는 어려움을 호소하는 교사가 의외로 많다. 교사라면 가능한 한 학부모를 만나지 않고 싶은 게 인지상정이다. 그러나 학부모들이 교사의 심경을 읽지 못하듯이 교사도 그들의 불안과 외로움, 자괴감을 모르기는 마찬가지라는 사실을 깨달아야 한다.

학부모와의 관계가 어려운 이유는 무엇일까? 교육학에서는 교사, 학생, 학부모를 교육의 3 주체라고 말한다. 그러나 막상 우리가 맞닥뜨리는 현실에서는 교사를 존중하지도, 그다지 교육적이지도 않은 학부모가 허다하다. 아이에게 지나치게 무관심한 방임형 부모부터 제 아이밖에 모르는 이기적인 부모까지 학부모 유형은 매우 다양하다. 교육 경력이 짧은 교사일수록 각양각색의 학부모에 어찌 대처해야 할지 몰라 어려움을 겪는다.

아이들의 지속 가능한 변화와 성장의 전제 조건은 학부모의 성장이다. 담임교사가 교실 안에서 제아무리 학생과의 관계에 정성을 다하며 공동체적이고 자율적인 학급을 만든다고 해도, 자녀를 대하는 부모의 태도나 가치관이 뒷받침되지 않으면 아이들에게 일어난 긍정적인 변화가 이어지기 어렵다. 학부모가 아이들의 정서와 생활 습관에 끼치는 영향은 마치 공기처럼 일상적이고 지속적이다. 다시 말해 학부모는 아이들에게 가장 중요한 환경인 셈이다. 담임교사가 학부모의 성장에 관심을 기울여야 하는 이유이다. 그러나 사범대학 4년을 다녀도, 모든 임용 고시 과정을 통과해도 학부모 교육의 필요성과 구체적 방법을 가르쳐 주는 곳은 없다.

세상에는 불편하기에 피하고 싶은 것들이 있다. 회피는 결코 불안과 두려움을 없애지 못한다. 피할 수 없는 일이라면 즐길 방법을 찾는 쪽이 현명하다. 학부모와의 관계 역시 마찬가지이다. 학부모와 불편한 동거를 할 것인가, 아니면 그들을 교육적 파트너로 성장시킬 것인가? 그 결정은 교사 스스로 하는 것이며, 그 결정에 따라 학부모를 대하는 철학과 방법은 천지 차이가 된다.

5부에서는 담임교사가 학부모를 자기 아이만의 생물학적 부모의 틀에서 벗어나 건강한 교육 파트너로 성장하도록 돕는 방법을 만나 본다.

1

학부모와 건강한 관계 맺기

담임교사의 시간을 알리는 자석 시간표

3월, 학부모에 대한 배려는 탈부착이 가능한 자석 시간표를 가정에 전달하는 일에서 시작된다. 자석 시간표는 자녀의 시간표와 담임교사의 시간표를 앞뒤로 붙여 코팅한 뒤 자석을 붙여 만든 것이다.

학부모와 담임교사 사이에 핫라인이 필요하다는 생각에서 고안한 것으로, 쉽게 손이 가닿는 냉장고 문에 붙여 두고 필요시에 담임교사에게 연락할 수 있도록 하려고 만들었다. 이를테면 아이가 아프거나 특별한 일이 생겨 연락해야 할 때는 공강 시간을 확인한 후 바로 연락해야 한다는 의미이다. 이렇게 하면 학부모가 담임교사의 연락처를 몰라 아이의 결석을 알리지 못했다거나 수업 중에 전화하고서는 교사가 연락을 받지 않는다고 불평하는 일이 거의 사라진다.

■ **자석 시간표**

3-4	월	화	수	목	금
1	국사	미A	생국	기술	수학
2	토론	미A	수학	국사	영어
3	생국	영어	국사	지생	과심
4	일본어	국어	체A	지생	국어
5	체A	가정	영어	수학	물리
6	수학	일본어	미B	영어	화학
7			미B		

담임	월	화	수	목	금
1				105	304
2			304	308	
3	105	101			
4				101	101
5	101	308	105	304	
6	304	105			308
7			308		
상담이 필요할 경우, 수업이 없는 시간에 문자 주세요. 통화 가능 시간을 곧 알려드립니다. 762-****(학년부실), 010-***-****					

한편 자석 시간표에 쓰는 "상담이 필요할 경우, 수업이 없는 시간에 문자 주세요. 통화 가능 시간을 곧 알려드립니다." 같은 문장은 담임교사가 자기 의지로 시간을 조절할 수 있게 하는 정교한 장치이기도 하다. 아이에 대한 상담이 필요하거나 다른 문의가 있다면, 아무 때나 전화하지 말고 먼저 문자메시지로 통화 가능 여부를 확인해야 한다는 사실을 학부모가 인지하게 된다. 따라서 담임교사가 쏟아지는 업무로 정신없거나 몸이 편치 않을 때, 학부모가 갑작스레 전화하거나 방문해서 당혹스럽게 하는 일을 미연에 예방할 수 있다.

성장하는 부모 되기,
학부모 총회

직장에서 눈치 보며 어렵게 짬을 내어 참석했건만 담임교사는 별다른 준비 없이 학부모 총회를 진행한다. 이러한 상황을 맞닥뜨린 학부모의 심정을 잠시 생각해 보자. 반대로 자녀에 대한 풍부한 정보를 가지고, 그해 학년에서 학생과 학부모가 준비해야 할 것을 세심하게 알려 주는 담임교사를 만난 학부모를 상상해 보자.

학부모 총회는 담임교사와 학부모가 처음 만나는 자리이다. 그만큼 꼼꼼하고 확실하게 준비해야 한다. 첫 만남에서 학부모가 담임교사의 첫인상을 어떻게 결정짓느냐에 따라 이후 학교와 담임교사를 대하는 태도가 크게 달라진다. 담임교사가 신뢰받고, 전문성을 존중받는 교실은 당연하게 이루어지는 것이 아니라 제대로 준비한 교사에게만 허락된다.

1) 기본적인 준비는 이렇게

이날만큼은 정장을 갖춰 입고 출근한다. 슬리퍼를 찍찍 끌고 아무렇게나 입은 채 학교를 방문한 학부모를 만나면 예의가 없다는 생각이 들 듯이 학부모들 역시 마찬가지이다. 참석한 학부모들에 대한 예를 갖추고 있음을 느끼게 하자.

그리고 담임교사의 교육철학과 학사 일정, 학급 규칙 안내, 예상되는 질의에 대한 답변 등을 고려한 프레젠테이션을 사전에 준비해 둔다.

학부모 총회 프레젠테이션

여기서 한 가지 중요한 점은 반드시 교실에 미리 들어가 교실에 들어서는 학부모를 한 분씩 맞이하는 것이다. 이때 교실 앞뒤 문에 학생 좌석 배치도를 부착하여 학부모들이 자녀 자리에 앉도록 안내하고, 교탁 위에는 담임교사만 볼 수 있는 좌석 배치도를 붙인다. 학부모가 앉는 위치에 따라 어떤 학생의 부모인지 바로 파악할 수 있고, 구체적인 인사말로 기분 좋게 맞이할 수 있다.

"민수 어머니, 반갑습니다. 우리 민수가 어머니를 닮아 이렇게 잘 생겼군요."

담임교사가 일일이 자녀의 이름을 언급하며 맞이하면 학부모로서 기쁠 수밖에 없다.

2) 담임의 교육철학 및 학급 규칙 안내하기

학부모들에게 담임교사의 학급경영 목표와 이를 이루는 방법, 학급 규칙 등을 꼼꼼하고 구체적으로 안내한다. 담임교사의 가치관과 철학을 명료하게 전달함으로써 학급경영을 주먹구구식으로 하지 않는다는 사실을 인지시키는 것이다. 또 학급 규칙을 공유하면서 이를 정한 이유를 학부모에게 이해시키고 담임교사와 마음을 함께해 달라고 당부하면, 가정과 학급에서 일관성 있게 아이들을 지도할 수 있고 그 효과도 배가된다.

3) 학년별로 다르게 준비하기

자녀의 학년에 따라 학부모가 궁금하게 여기는 부분이 다르므로 담임교사가 준비해야 할 내용도 이에 맞춰야 한다. 1학년은 새롭게 입학한 학교에 대한 정보, 학생이 학교생활을 하는 데 유용한 팁, 상급 학교 진학 후 학부모가 염려하는 부분에 대한 답변 등을 준비한다. 2학년은 학생 간에 형성된 또래 관계, 학교·학급 행사와 교육과정 운영 정보, 다양한 체험 활동 방안 등을 충분히 안내한다. 3학년 담임이라면 내신 성적 산출 등과 같은 진학·진로 정보가 필수적이다.

4) 귀 기울이고 기록하기

학부모 총회에 참가하는 학부모를 사전에 파악하여 해당 학생에 관한 정보를 숙지하고 개별 상담에 활용한다. 학년 초이기 때문에 교사가 먼저 학생 이야기를 꺼내기보다 학부모가 담임교사에게 하고 싶은 이야기를 적절히 하도록 하면서 경청하는 편이 좋다. 이를 기록하여 학생과의 상담이나 생활지도에 활용하자. 이는 학부모 상담에도 지속적인 참고 자료가 된다.

5) 자성 예언으로 부모 교육하기

학부모 심성 수련은 학부모가 자기 자녀를 어떻게 만나야 하는지 스스로 깨닫게 하는 일이다. 예를 들어 심성 수련은 다음과 같은 퀴즈로 시작한다. 이때 학부모에게 권하고 싶은 도서를 상품으로 준비하면 좋다.

"다음에서 설명하는 이것이 무엇인지를 맞춰 보세요. 그리스신화에 나오는 조각가 ○○○○○의 이름에서 유래한 심리학 용어입니다. 타인의 기대나 관심으로 인해 능률이 오르거나 결과가 좋아지는 현상을 일컫는 말입니다. 자성 예언, 자기 충족적 예언이라고도 불리죠. 이것은 무엇일까요?"

"피그말리온 효과?"

"정답입니다. 역시 우리 반 학부모님들 수준은 정말 예사롭지 않습니다."

이어서 자성 예언의 시간을 가진다. 이때 담임교사도 참여하면 학부모와의 공감대를 끌어내기 더 쉽다. 자녀가 없는 담임교사라면 '나는 ~하는 담임이다.'와 같이 문장을 바꿔서 하고, 자녀가 있는 담임교사는 그대로 하면 된다.

진행 방법은 다음과 같다.

① 자성 예언지를 한 장씩 나눠 준다. 다음 항목은 아이들에게 어떤 부모를 원하는지 설문한 결과, 상위에 오른 것들이다.

자성 예언

1. 나는 소리를 안 지르는 부모다.
2. 나는 친구 같은 부모다.
3. 나는 내 아이가 자랑스러워하는 부모다.
4. 나는 칭찬을 많이 하는 부모다.
5. 나는 아이의 말에 귀 기울이는 부모다.
6. 나는 말과 행동이 일치하는 부모다.
7. 나는 내 아이를 믿는 부모다.
8. 나는 잘 웃는 부모다.
9. 나는 아이와의 약속을 꼭 지키는 부모다.
10. 나는 공부만 강요하지는 않는 부모다.
11. 나는 내 아이를 다른 아이와 비교하지 않는 부모다.

② 각자 문장 하나하나를 소리 내어 읽고 '내가 이건 할 수 있겠다, 해야겠다.' 싶은 다섯 가지를 고른다.

③ 다섯 개 중에서 '이것만은 꼭 지키겠다.'라고 약속할 수 있는 두 가지를 고른다.

④ 선택한 두 문장을 외운다.

⑤ 담임교사가 먼저 학부모들 앞에서 어떤 부모(또는 어떤 담임교사)가 될 것인지 오른손을 들고 선서한다. 학부모는 한 명씩 자리에서 일어나서 큰 소리로 어떤 부모가 될 것인지 선언한다. 목소리가 작다면 다시 크게 선언하도록 권한다.

학부모들은 담임교사 앞에서 "나는 소리를 안 지르는 부모다."와 같이 자신이 최종 선택한, 아이에 대한 약속을 큰 소리로 말하면서 사뭇 진지해진다. 눈물을 글썽이거나 우는 부모들도 종종 있다. 좋은 부모가 되기란 얼마나 힘든 일인지, 또 좋은 부모가 되고 싶은 열망이 그들 안에 있음을 확인하는 순간이다. 담임교사와 학부모가 서로의 내면을 드러내도 괜찮겠다는 믿음이 생겨나는 순간이기도 하다.

의미를 부여하고 감사 표현하기

학교에서 운영하는 교육 활동은 학부모의 도움이 필요할 때가 많다. 그래서 담임교사는 학부모 총회에 참석한 학부모들에게 시험 감독이나 학교 안전 지킴이, 학부모회 대표 등 각 부서에서 요청한 역할에 한두 개씩 자원해 달라고 부탁해야만 한다. 대부분 딱 여기까지이다. 보통 담임교사는 이후 어떤 학부모가 약속을 어기기 전까지 학부모들의 참여에 관심을 두지 않는다. 이를 익히 경험한 학부모들은 뻔뻔해지기로 마음먹기도 한다. 학부모 총회일 하루만 눈 딱 감고 버티면 되는 것이다.

학부모 참여가 필요한 활동이라고 부탁했음에도 자원자가 없거나 부족할 때 담임교사는 학부모들에게 참 야속한 마음이 든다. 그러나 자문해 보자. 학부모 스스로 학교 활동에 참여하고 싶도록 노력을 기울였는가?

자원한 학부모와 활동 내용을 탁상 달력에 표시하고 일주일 전 알람을 설정해 두자. 그리고 학교 담당 부서의 문자와는 별개로 일주일 전쯤에 담임교사가 직접 안내한다. 예컨대 다음과 같은 시 한 편을 담임교사에게서 전해 받았다면, 이 학부모는 어떤 활동에 자원했을지 짐작해 보자. "상큼한 과일"이란 시어가 힌트가 될 수 있다.

늘 그리움이란
책장을 넘기면
떠오르는 사람들

사랑을 하지 않았어도
어떤 약속이 없어도
가끔씩 생각 속에
찾아와서는
미소 짓게 하는 사람들

어린 시절부터
지금까지
삶의 가까이
삶의 멀리서
언제나 훈훈한 정감이
가득한 사람들
그런 사람들

꼭 만나지 않아도
좋은 사람들

떠오르면 그리운 사람들
바라만 보아도 좋은
상큼한 과일 같은 사람들•

바로 급식 도우미 학부모들에게 예정일이 다가오고 있음을 알리는 글이다. 시에 이어지는 안내문은 다음과 같다.

다음 주간은 우리 ○학년 ○반에서 식재료 검수와 조리 과정 참관, 시식 등의 활동을 하게 되었어요. 단체 급식은 위생적인 음식물 관리가 매우 중요하지요. 식중독 사고가 일어나는 원인이 거기에 있거든요. 우리 아이들이 먹게 될 식단이니만큼 식재료의 신선 여부를 학부모님들께서 꼼꼼히 살펴 주시기 바랍니다. 오전 7시 40분까지 1층 교무실 옆 급식실로 오시면 영양사님께서 안내해 주실 거예요. 일교차가 크네요. 가정의 건강과 평안을 각별히 기원합니다. 감사합니다. 그리고 사랑합니다.

담임 ○○○ 드림

6월 8일(월): 이○○ 어머님, 김○○ 어머님
6월 10일(수): 정○○ 어머님, 안○○ 어머님
6월 12일(금): 류○○ 아버님, 박○○ 아버님

• 용혜원, 「꼭 만나지 않아도 좋은 사람」, 『독자들이 가장 좋아하는 용혜원의 시』, 나무생각, 2017

이처럼 활동 내용을 세심하게 챙기고 감사를 표현하면, 학부모들은 자기가 참여하는 학교 활동에 스스로 의미를 부여하게 된다. 그리고 학교에 계속 관심을 기울이면서 도움이 필요할 때 자원한다. 또 활동 날짜를 깜빡 잊거나 예고 없이 결석하는 일도 막을 수 있다. 시간과 마음을 내어 학교를 돕는 학부모들에게 고마운 마음을 늦지 않게 표현하는 담임교사가 되자.

학부모와 한 걸음 가까워지기

1. 선생님에게 학부모는 교육 파트너가 되고 있나요? 만약 그렇지 못한다면 그 이유는 무엇일까요?

2. 학부모들에게 선생님의 교육철학과 학급 규칙 등을 충분히 전달했나요?

3. 학교(학급) 교육 활동에 대한 학부모의 관심과 참여를 높일 방법에는 어떤 것이 있을까요?

2

담임 편지, 학부모가 달라졌어요

학부모에게 쓴 편지

담임 편지는 교사와 학부모 간에 대화가 없다는 것이 교육 현장의 큰 문제라는 생각에서 쓰기 시작했다. 한 달에 한 번씩 가정에 전하는 담임 편지는 담임교사의 교육철학을 안방까지 전달함으로써 학부모가 교사를 신뢰하게 하는 데 효과적이다.

솔직한 편지를 쓰다 보면 교사로서 자기 모습을 돌아보게 되고, 그 시간이 담임교사의 마음을 한층 성장시킨다. 무엇보다 학부모가 생물학적 부모라는 틀에서 벗어나 교실과 사회의 학부모가 될 수 있도록 돕는 역할을 한다는 데 더 큰 의미가 있다.

담임 편지는 생활에 바쁜 학부모들이 집에 앉아서도 자녀가 지내는 교실 풍경을 마치 그림을 보듯 구체적으로 떠올릴 수 있도록 정리하는 게 좋다. 내 아이가 어린이집이나 학교에서 어떻게 지낼까 궁금해질 때 우리 학급의 학부모들도 같은 마음이겠지 하는 생각으로 편지를 쓴다.

한 달 동안의 교실 풍경과 아이들의 생활을 보며 느낀 기쁨과 아쉬움을 담임 편지에 담아 전하고, 기본적으로 한 달 안에 이루어질 학교(학급)행사를 안내한다.

첫 담임 편지는 3월 개학 후 두 주가 지나기 전에 발송하는 게 효과적이다. 3월 담임 편지는 학급경영 철학을 가정에 알려 담임교사에 대해 안심시킨다. 학급경영 방침을 학부모와 공유하여 담임교사와 학부모가 일관성 있게 생활지도를 할 수 있게 한다. 또 학부모 회신서를 통해 학생 상담에 필요한 구체적인 정보를 얻을 수 있어서 그 의미가 특별하다.

그런가 하면 학기 말 담임 편지에는 한 학기 동안의 학급경영 보고에 덧붙여 아이들과 함께한 순간에 쓴 교사 일기를 담기도 한다.

가랑비에 옷이 젖듯이 매달 담임 편지를 읽다 보면 담임교사의 교육철학이 학부모의 마음에도 자연스럽게 스며든다.

실제 학부모들에게 보낸 담임 편지를 소개한다.

■ 3월, 새 학년을 맞는 담임 편지

꽃샘추위가 겨울 못지않은 봄날입니다. 정신없이 바쁜 두 주를 보내고 이제야 짬을 내어 긴장과 설렘으로 부모님들께 첫 편지를 씁니다. 안녕하세요? 저는 올해 예쁜 1학년 7반 담임을 맡은 ○○○입니다. 학년 초 담임이 바뀔 때마다 부모님들이 갖게 되는 불안을 모르지 않기에 이렇게 지면으로 먼저 인사드립니다.

초등학교에 입학시킨 게 엊그제 같은데 벌써 중학생이 된 자녀를 보면서 세월의 빠름을 절감하시지요? 그러면서 진학 문제로 근심이 사라지지 않는 시기일 겁니다. 또 내 아이가 중학교 생활에 잘 적응하고 있는지, 학급 친구들과 원만한 생활을 하고는 있나 하는 염려와 함께 담임에 대한 궁금증과 불안 또한 생기셨을 겁니다. 저 역시 제 아이 ○○○를 키우면서 새 학년이 될 때마다 '어떤 분이 우리 아이의 담임이 될까?' 하는 기대와 불안이 교차하는 경험을 하고 있으니까요.

한 해 동안 우리 아이들과 제가 그려 갈 교실은 어떤 그림일까 궁금하실 것 같아 저의 '학급 운영 원칙과 경영 계획'을 말씀드립니다. 저는 다음과 같은 원칙으로 우리 1학년 7반을 운영하겠습니다.

첫째, '공동체 학급'입니다. 공동체 감수성은 훈계와 강요로는 형성될 수 없습니다. 몸 부대끼는 다양한 학급 행사를 통해 조용한 배려를 배우며 자연스럽게 형성되는 것이지요. 따라서 저는 학급 산행, 영화 관람, 청계천 걷기, 한강 자전거 하이킹, 학급 MT 등 다양한 학급 행사를 축제처럼 열어 감으로써 소외되는 학생과 교실 폭력이 없는 따뜻한 공동체를 만들어 가려 합니다. 그러니 학급 행사에는 불가피한 경우가 아니라면 꼭 참여하도록 시간의 자유와 마음의 여유를 아이들에게 허락하시기 바랍니다.

둘째, '자율적인 학급'입니다. 자율적인 학급이란 담임은 방향 제시만 할 뿐 학생들 스스로 생각하고, 판단하고, 행동하며 책임지는 학급입니다. 학급은 개인의 생활 공간이 아니라 서로 다른 개체가 모여 공동의 공간에서 공동의 생활을 함께하는 하나의 사회입니다. 자율은 개인주의나 방종과는 분명히 구별되는, '스스로 책임지는 자유'를 뜻합니다. 이를 위해서 학급 규칙을 함께 만들고 지켜 나가겠습니다.

셋째, '따뜻하고 행복한 학급'입니다. '행복한 학급'은 아이들 하나하나가 누군가의 들러리로서가 아니라 저마다의 고유한 존재감을 느낄 수 있을 때 가능합니다.

우리 아이들의 등교하는 발걸음이 가벼워지고 교실에 머무는 동안이 소소한 행복이 되려면, 교칙과 학습으로만 가득한 생활을 강요해서는 안 되겠지요. 한 명 한 명에게 학급에서의 역할을 부여하고, 또 그것을 해내는 성취감을 느끼며 자존감을 가질 수 있도록 넓고 공정한 눈으로 아이들을 꼭 안아 주는 따뜻한 담임이 되겠습니다.

저도 열심히 노력하겠지만 어머님, 아버님께서도 함께 도와주시기 바랍니다. 무엇보다도 아이들이 자신에 대해서 정확히 인식하고 솔직하게 표현할 수 있도록 허용적인 분위기를 만들어 주세요. 우리 아이들이 자기 주변에 대한 애정과 관심을 키우도록 돕는 것도 부모와 담임의 몫입니다. 지나치게 '성적'만을 강요하지 마시고 아이들의 흥미와 적성을 고려하여 사춘기 시절을 지적·정신적·육체적으로 쑥쑥 크는 성장의 시기로 만들어 나가도록 도와주셔야 합니다. 혹여 아이들 행동에 이상이 보일 때는 바로 알려 주시고, 학교생활에 궁금한 점이 있으시면 자석 시간표를 이용해서 전화나 문자로 상담하시기 바랍니다.

저는 가까이하기에 너무 먼 담임이 아니라 아이들에게나 부모님들께 언제고 기댈 만한 그늘을 만들어 드리는 시원한 여름 나무 같은 교사가 되고 싶습니다. 물론 그 나무 역시 아이들과 부모님의 관심과 사랑으로 더욱 튼튼하게 성장할 수 있는 나무겠지요. 앞으로 우리 학급에서 만들어진 모든 규칙은 담임 편지와 문자메시지로 부모님들께 공지하려 합니다. 담임과 같은 마음으로 우리 아이들을 지도해 주시리라 믿습니다.

첫 번째 편지글을 쓰는 마음 한편에 떨림이 있군요. 이 떨림의 기억을 소중히 간직한 채 예쁜 아이들을 제게 맡기신 부모님들의 기대에 어긋나지 않게 노력하는 담임이 될 것을 약속드리며, 학부모 총회 때 뵙겠습니다.

추신

1. 학부모 총회가 3월 20일(목)에 있습니다. 바쁘시더라도 짬을 내어 가능한 한 참석하시기 바랍니다.
2. 우리 학급은 지각하지 않으려고 노력합니다. 이에 담임을 포함한 32명 전원이 오전 8시 25분까지 교실에 입실하기로 약속하고, 지각을 방지하는 학급 규칙을 마련하려는 중입니다. 학부모 총회일에 부모님들의 의견을 듣고 결정하겠습니다. 학생의 본분은 교칙을 지키려는 노력에서 시작되는 것이고, 그중에서도 시간 약속을 지키는 것이 학창 시절에 배워야 할 가장 필요한 자세입니다. 부디 지각이 없도록 부모님들께서 협조해 주실 것을 부탁드립니다.
3. 뒷면의 첨부 파일을 구체적으로 작성하셔서 담임에게 꼭 회신해 주세요.

■ 7월, 방학을 맞는 담임 편지

안녕하셨어요? 30도를 웃도는 찜통더위를 견뎌 내기가 실로 만만치 않은 한여름입니다. 몸 시계가 달력보다도 먼저 방학이 다가왔음을 일깨우네요. 7월 즈음이면 체력적으로 힘듦을 느낍니다. 사람을 키우는 일이 본래 심신의 정성을 쏟아부어야 가능한 것이니 어쩌면 당연한 일이겠지요. 방학이라는 재충전의 시간이 있다는 게 얼마나 다행스러운지 모릅니다. 아이들도 마찬가지겠지요. 담임과 아이들이 한마음으로 방학을 손꼽아 기다리고 있습니다. 우리 아이들의 지난 생활을 돌아보며, 그간의 학급 소식과 함께 방학을 맞아 몇 가지 당부 말씀을 드립니다.

6월은 점점 올라가는 기온으로 학업에 몰두하기가 쉽지 않은 날들이었습니다. 매일 아침 한자 시험을 보면서 기말시험 준비도 했어요. 긴말하지 않아도 눈빛으로 알아듣고 열심히 하는 모습들을 보며 이젠 초등학생 티를 완연히 벗어났단 생각이 들어서 기특했습니다. 다음 주중에 성적표가 나갑니다. 혹시 부모님들께는 만족스럽지 않은 결과라 할지라도 거기엔 우리 아이들이 겪은 한 학기 동안의 가슴 졸임과 스트레스, 보람과 노력이 배어 있습니다. 부디 섬세하고 따뜻한 격려와 칭찬을 부탁드립니다.

7월 5일, 한강에서 '자전거 타기 학급 행사'가 있었습니다. 여의나루역이 있는 마포대교에서 출발해 원효대교, 한강대교, 동작대교를 지나 반포대교와 한남대교가 보이는 지점까지 왕복 30여 킬로미터를 같이 달렸습니다. 아이들을 출발시키고 맨 마지막에 떠나서는 따라잡겠다고 있는 힘껏 페달을 밟았어요. 아이들은 무서운 속도로 달려오는 담임을 보면서 추월당하지 않으려고 더 페달을 밟더군요. 그야말로 거칠 것 없이 속도감을 즐기며 신나게 달렸습니다. 시험과 숙제, 사춘기의 모든 스트레스를 바람에 다 던져 버리고 가슴속까지 시원하게 웃는 시간이 되길 기도하는 마음이었습니다.

한남대교 근처에 이르러서는 너른 주차장을 완전히 점령했답니다. 원반을 던지고, 족구를 하고, 연을 날리고, 농구를 하며 노는 아이들……. 아무 생각 없이 그냥 웃고, 놀고, 마음을 쉬게 했습니다. 땀 흘리며 뛰노는 아이들의 모습엔 뭐라 형언하기 힘든 감동이 있어요. 아! '생기'라고 해야겠습니다. 그 모습을 보고 있노라면 저도 모르는 새 아이들의 생기에 전염되고 말지요. 교실에서의 모습과는 또 다른 그 '살아 있음'이 교사라는 자리에 대한 소명을 버리지 못하게 하는 건지도 모르겠습니다.

자전거를 타고 돌아와서는 잔디밭에 둘러앉아 짜장면과 탕수육 파티를 했습니다. 워낙 먹성이 좋을 나이기도 하지만, 몇십 킬로미터를 달린 뒤여서인지 더 맛나게 먹더군요.

그때 마침 비가 내리기 시작했습니다. "이 정도 비는 맞아도 돼!"라고 했더니, 우리 아들딸들 왈, "우리더러는 괜찮다면서 샘은 우산을 쓰시네?" 하길래 저도 우산을 집어 던지고 같이 비를 맞았지요. 비에 젖은 짜장면을 먹어 보지 않고서는 인생을 이야기하지 말라고 하면서 말이죠.^^

편지글을 통해 담임과 아이들이 그리는 풍경을 상상하시면 참 평화롭다 여겨지시지요? 그런데 그 풍경 속에 실재하는 제게는 사실 가슴 철렁한 일도 적지 않게 일어난답니다. 그 가슴 졸이는 시간들이 때론 담임을 지치게도 하고, 위축시키기도 하고, 또 슬프게도 하지요. 이번에도 그런 일이 일어났습니다.

출발지에서부터 행주대교 쪽으로 거꾸로 달린 아이들, 아예 한강 북쪽으로 다리를 건너가 담임을 잃어버린 아이들, 뒤돌아보지 않고 마냥 달리다 친구와 담임을 놓쳐 버린 아이들……. 34명이 만들어 내는 사건은 정말이지 다양하기가 이를 데 없습니다. 무사히 다 찾았기에 지금은 추억처럼 글을 씁니다. 그러나 그런 일이 한 번씩 일어날 때마다 솔직히 저는 작아집니다. '교사로 산다는 건 사람에 대해 도대체 얼마나 많은 책임을 져야 하는 건가?'라는 근원적 물음과 맞닥뜨릴 때 문득 외롭습니다. 그리고 교사라는 사실이 버겁고 슬퍼집니다.

부모님들께 간곡하게 부탁드립니다. '함께하고픈 마음'으로 시작한 학급 행사들이 그 진정성이 훼손되지 않은 채 '함께였던 추억'으로 남기 위해서는 선생님의 말에 좀 더 귀 기울이고 서로를 보듬으려는 마음가짐이 필요하다는 것을 자녀들에게 신신당부해 주세요. 부모님들께서 제 마음을 이해하고 도와주실 것을 믿습니다.

6월 한 달, 학급 홈페이지 게시판을 통해 '호(號) 짓기' 이벤트를 했더랬어요. 자기가 지은 이름의 의미처럼 쑥쑥 커 가기를 바라는 마음으로 연 행사였습니다. 한자어의 조어가 다소 어색하다 해도 아이들 각자가 자신의 生에 담은 기대는 손톱만큼의 훼손도 없이 고스란히 제게 전달되었습니다. 부르기도, 듣기도, 마음에 새기기도 좋은 호(號)는 아이들의 이름과 병용해서 부를 생각입니다. 한편 의미는 좋으나 어감이 좋지 않은 경우, 좀 더 고민하여 호를 짓도록 권해야겠어요. 아니면 담임이 지어 줄까도 생각 중입니다. 먼 훗날 우리 아이들이 성년이 되고 저는 늙어 노인이 되었을 때 만일 어느 곳에선가 다시 만날 수 있다면, 그땐 꼭 지금 아이들이 지었던 호를 잊지 않고 있다가 불러 주고 싶습니다. 저 역시 '연서(蓮曙)'란 이름자처럼 부끄럽지 않게 세상을 살아가며 아이들과의 재회를 기다릴 것을 약속합니다.

22편의 응모작 중에서 이○○, 김○○, 홍○○의 호(號)를 공동 우수작으로 선정했습니다. 아이들이 지은 호와 담임의 심사평을 한번 읽어 보세요. 가정에서도 이따금 호로 불러 주셔도 좋겠습니다.

- **○○은 자신의 호를 '개심'이라 명했다. 開心**(열 개, 마음 심)

그 자신이 말했듯, 그의 호에서는 어떤 특정한 고정관념에서 벗어나 사물과 사건 그리고 사람을 다각적인 면에서 바라보며 좀 더 많은 것을 이해하고자 하는 열망이 읽힌다. 개심, 얼마나 예쁜 이름인가? 마음을 새롭게 하는 이름. 일 초의 망설임도 없이 그의 호를 최우수작으로 꼽았음을 고백한다.

- **○○은 스스로에게 '서려'란 새 이름을 지어 주었다. 鋤犁**(서려)

호미와 쟁기를 일컫는 말 '서려'에서는 사람의 원초적 성실성을 비유하는 말인 동시에 다른 이들에게 꼭 필요한 사람으로 살겠노라는 그의 다짐이 읽힌다. 현재 그의 삶이 그렇듯 미래에도 여전히 지금과 같은 성실성으로 제 앞의 생을 정직하게 살아 나갈, 그리하여 샘을 키우고 가르치는 제자 ○○에게 한 번 더 경의를 표한다.

- **○○은 '청석'이란 곧고 맑은 이름을 지었다. 淸石**(맑을 청, 돌 석)

그는 자신의 이름자에 깨끗한 마음과 굳은 의지를 담아내고자 했다. 굳센 선비의 과묵하고 변절 없음을 의미한다는 말을 굳이 하지 않았다 해도 나는 한결같은 그의 성실성과 긍정성을 보아 왔기에, 그의 결기를 믿는다. 그의 올곧음을 또한 믿는다. 피 한 방울 섞이지 않았음에도 어쩔 수 없이 나의 아들이구나……란 생각을 가지게 하는 ○○!

올해 우리 반에는 왕따나 폭력 문제가 없습니다. 또 학기 말임에도 무질서나 게으름이 판을 치는 모습이 없습니다. 학급 규칙은 일상처럼 잘 지켜지고 아침 자습은 놀라울 만치 정숙하게 운영되고 있습니다. 구구단을 외우면 계산이 쉬워지는 것처럼 좋은 습관과 '우리'라는 공동체 의식은 이렇듯 우리 아이들의 학교생활을 쉽고 편하게 합니다.

'선생님만 믿습니다!'라는 말씀은 옳지 않습니다. 아이가 잘 지내고 있는 듯할 때도 학급 전체의 일을 도와주시고 관심을 가져 주셔야 다양한 학급 행사를 통해 교실이 건강해집니다.

방학을 맞으며 몇 가지 부탁을 드릴게요.

1. 학기 중에 공부한다는 이유로 면해 주었던 가사를 방학 중엔 조금이라도 시켜 주시기 바랍니다. 학급에서 청소할 때면 아이들의 심성과 생활 습관이 다 드러난답니다. 소리 없이 땀 흘리며 교실 바닥을 닦는 아이들도 있고, 어떻게 하면 안 할 수 있을지 선생님 눈치만 보며 요리조리 피해 다니는 아이들도 있지요. 가정에서도 제 방과 제 물건 정리, 그리고 주말 저녁 설거지 정도는 시켜 보는 것이 어떨까요? 가사를 나눠 하는 것은 가족의 한 사람으로서 책임과 소속감을 느끼게 할 뿐만 아니라 엄마나 아빠의 힘든 삶을 이해할 수 있게 하지요. 공부한다는 이유로 가정에서의 책임을 면제해 주실수록 가정과 부모님에 대한 고마움을 모르는 아이로 커 버린답니다. 방학을 이용해서 가족을 위해 봉사하는 경험을 우리 아이들에게 꼭 가지게 해 주시기 바랍니다.

2. 방학 기간, 방구석을 뒹굴며 모처럼의 시간을 허비해 버리거나 학원에 꽁꽁 묶여 보내지 않도록 아이들을 배려한 지도를 부탁드립니다. '자유'와 '책임'을 경험할 수 있는 방학 계획을 짜도록 도와주시고, 게으름만 없다면 많은 것을 너그러이 봐주는 부모님들이 되어 주세요. 학기 내내 몸도 마음도 지친 아이들에게 방학이 다음 학기 학습을 준비하는 기간만은 아닙니다. 가족 간에 대화하면서 학습 외의 것들도 다양하게 즐길 수 있는 문화가 있는 시간으로 채워 주시기 바랍니다.

짜임새 있고 건강한 방학 생활은 아이들의 힘만으론 되지 않습니다. 가정에서 때로 확인하시고(잔소리와 다르다는 거 아시지요?), 많이 격려하셔야 합니다. 7월 21일(월)부터 7월 24일(목)까지 한 학기 동안의 생활과 성적을 바탕으로 담임 상담을 할 예정입니다. 방학 시간 활용법과 공동체에서의 교우 관계에 대해 이야기 나눠 볼 생각입니다. 귀가 시간이 다소 늦어질 수 있습니다.

한 학기 동안 사춘기 아들딸들과 씨름하랴, 지나치게 의욕적인 담임의 많은 학급 활동을 따라 주느라 적잖이 힘드셨지요? 늘 담임 편에 서서 지지와 도움을 주신 학부모님들이 계셨기에 이렇듯 무사히 한 학기를 마무리하게 되었음을 알고 있습니다. 우리 아이들이 보낼 삼 주가량의 생활을 부모님들에게 부탁드리며 이만 줄일게요. 전 2학기에 더욱 씩씩한 담임으로 인사드리겠습니다. 안녕히 계세요.

메아리가 되어 돌아온 편지

학부모에게 배달된 편지는 간혹 메아리가 되어 돌아온다. "연애 편지를 받는 것 같아 기쁘다.", "담임 편지가 기다려진다."라는 말과 함께 담임교사에 대한 격려, 사랑한다는 고백 그리고 학급 행사를 돕고 싶다는 답장과 문자메시지가 줄을 잇기도 한다. 어느새 학부모들은 담임교사를 지지하고 응원하는 교육 파트너가 된다.

5월 수련회를 떠나며 학생들이 부모에게 쓴 손편지와 담임교사의 감사 편지를 가정으로 부친 적이 있다. 수련회에서 돌아온 며칠 후 교무실로 편지가 날아들었다. 사흘 동안 아이들을 잘 보살피고 돌아오겠다는 약속과 함께 자녀들의 편지를 읽으며 그동안 아이들 때문에 힘들었던 기억을 잊고, 우리 아이들이 잘 자라 줄 거라는 믿음을 가져 달라는 당부와 감사를 담은 담임 편지에 대한 답장이었다.

■ **학부모가 담임교사에게 보내온 답장**

참 벼르고 벼르다 글을 드립니다. 선생님께 답글을 보내고 싶던 순간이 많았거든요. 처음 뵈었던 총회를 다녀와서도, 선생님의 첫 편지를 받은 날도, 아이들이 영화를 보고 온 날도, 산에 다녀온 날도, 맘속으로 여러 장을 썼지요. 제게는 선생님과 학부형 사이의 긴 거리가 있었던 것 같습니다. 왜 그리 쭈뼛거려지던지요.

어버이날 담아 주신 선생님과 저희 아이의 편지를 대문 우체통에서 꺼낸 건 유난히 어깨에 내려앉은 삶의 무게에 힘겹던 아침이었습니다.

궁금한 마음에 바로 뜯어 읽으며 외출에 나섰다가 건널목에 서서 정말 펑펑 울어 버렸어요. 덕분에 거리에 선 '사연 많은 여자'가 되었지요.

가슴속이 감사로 가득 차서 연말까지 기다리지 못하고 지금 감사드립니다. 저희 아이를 좀 더 예쁘게 봐주십사 하는 사심, 정말로 없이 감사드립니다. 매사 건성이기 쉬운 아이에게 생각거리를 만들어 주시고, 속 깊은 글을 쓰도록 끌어내 주신 점 정말 감사드립니다. 그 두 통의 편지는 제 평생에 귀한 선물이 될 것 같습니다.

홈페이지에 올려 주시는 사진 덕분에 4반 아이들을 가깝게 느끼다 보니, 저희 아이와 이야깃거리도 많아지고 어쩌다 길에서 봐도 친근하니 너무 좋습니다. 엄마들끼리도 이다음에 청첩장을 돌릴 거라고 얘기하며 웃고 그러지요. 4반 엄마들 모임은 정말 기다려집니다. '소도 때려잡는다.'는 팀워크의 구심점은 선생님에게서 전염된 '진정성'에 있지 않나 혼자 생각해 봅니다.

십수 년 세월을 기쁨으로 키워 낸 귀하고 착한 제 아들임에 틀림없는데 문득 낯선 게 요즘이지요. 서러움과 배신감에 잠 못 들다 또 문득 '저 아이가 어쩐 게 아니구나.' 하고 깨닫습니다. 도대체 어미랍시고 쌓아 가는 이 집착 같은 것들을 던져 버릴 수 있을지요? 사실 오늘 아침에 묵언으로 일관하다 나가 버리는 아이 뒷모습에 또 좀 외로웠어요. '제가 얼마나 화났는지 알리고 싶은 거구나.' 생각했습니다. '어떤 어떤 엄마가 되겠다.'라는 생각도 버려야 할까 봐요.

선생님께서 보내 주시는 소식을 통해, 또 이렇게 저렇게 만들어 주시는 저와 저희 아이와의 소통 공간을 통해 아이의 성실성, 책임감, 진지함, 긍정성, 밝음을 확인시켜 주셔서 정말 정말 감사합니다. (제 눈엔 자꾸만 흐릿해지던 것들이지요.) 학교 가기 너무 재밌고, 아이들도 짱 웃기고, 알고 보면 착하답니다. 학부모 입장에서 가장 듣기 좋은 말이지요. 선생님께 감사드릴 것이 너무 많네요.

스승의 날 드리고팠던 답글이었는데, 오월의 끝자락에 살짝 껴 드립니다.

추신

1. 저희 집에서 정기적으로 작은 음악회를 하고 있습니다. 주로 전공하는 학생들이 연주하고 제 아는 언니가 진행하시는데, 사실은 선생님께서 어버이날 보내 주신 편지를 그 언니도 읽고 깊은 감명을 받았어요. 세 번쯤 읽었는데, 매번 우시더군요. 저희 음악회 때 관객들 앞에서 읽으시겠다고, 괜찮냐고 해서요. 선생님께서 괜찮으시다면 모두와 함께 나눌까 하는데요. 음악회 게스트로 한번 모시고 싶다고도 그러세요.

2. 몇몇 엄마들과 "우리 반 아이들을 위한 음악회도 기획할 수 있지 않을까?" 하고 얘기했습니다. 곡 해설과 DVD 상영, 시 낭송, 뒤풀이 바비큐 파티같이 참여 가능한 좋은 마당임엔 자신할 수 있습니다만, 아이들이 클래식 연주 감상을 좋아할지 모르겠습니다. 선생님의 생각을 말씀해 주시면 엄마들과 준비하고 싶습니다. 우리 반 학급 행사를 곁에서 보고픈 즐거움에 부담 없이 이런저런 생각을 한번 해 봤습니다.

오래전 학부모에게서 날아든 편지

옛 학부모와 친구가 되는 일이 과연 가능할까? 아이들이 졸업한 후에도 지속적인 안부 인사를 주고받는 부모들이 종종 있다. 아이는 교사 곁을 떠났어도 학부모들은 담임교사를 떠나지 못하는 것이다. 왜일까? 담임 편지의 힘이라고 생각한다. 최근 5년 전 함께한 학부모에게서 편지를 받았다.

■ 옛 학부모가 담임교사에게 보내온 답장

선생님, 2013년 한 해 동안 선생님께서 매달 보내신 편지를 받았던 수지 엄마 김○○입니다. 5년이 지나 답장을 씁니다. 아이가 깨어 있는 동안 부모보다 훨씬 더 긴 시간을 함께 지내는 담임선생님에 대한 기대와 걱정은 학기 초 첫 학부모 면담 시간을 앞두고 고조되고 있었어요. 직장을 다니는 터라 휴가를 내고 참석했었습니다.

어떻게 조력해야 성공적인 중3을 보낼 수 있을지에서 시작한 대화가 어느덧 저의 고민 상담으로 바뀌었고, 선생님께서는 엄마, 부모가 행복해야 아이도 행복할 수 있다고 하셨어요.

"문제집은 뭘 사야 할까요? 지금 성적으로 서울에 있는 대학교에 진학할 수 있을까요? 지금부터라도 열심히 하면 가능할까요?"와 같은 준비해 간 질문은 시작도 못하고, 조용히 돌아왔습니다.

첫 학부모 면담부터 선생님과 마음으로 연결되었다고 느꼈어요. 아이에게 내비게이션을 사서 달아 주는 것이 아니라 지도를 읽는 방법을 알려 주어야 한다는 가치관을 담임 선생님과 학부모가 공유할 수 있다는 가능성에 놀라고 감사했기 때문입니다.

생각해 보면 아이가 초등학교부터 고등학교에 다니는 12년간, 저는 저와 같은 고민을 하는 학부모를 만나기 위해 적극적으로 노력하지는 못했습니다. 어느 학원, 어느 선생님께 몇 시간 수업을 받으면 점수가 평균 몇 점 올랐다는 얘기를 '정보'로 규정하고, 그런 정보를 제한적으로 공유하는 학부모 네트워크에 들어가지 못하면 아이의 학업에 관심이 없거나, 말은 하지 않지만 조용히 자기 아이만 특별 과외를 시키고 있는 엄마로 찍힌 듯했고, 학교행사에는 미리 휴가를 내지 않으면 참여할 수 없는 터라 점점 혼자 섬이 되어 공교육에만 매달리고 있었습니다. 극도로 불안했고, 외로웠으며, 엄마 때문에 아이까지 아웃사이더가 되는 것 같아 자괴감이 들었습니다.

그런 시점에서 받은 선생님의 담임 편지는 위로이자 격려였고, 자극이 되었습니다. 교사와 학부모가 학생 앞뒤에서 따로 끌고 밀고 가는 것이 아니라, 아이와 함께 이인삼각 경기처럼 발을 묶고 호흡을 맞춰 함께 걸어가는 조력자 역할을 하는 것이라는 생각은 저 혼자만 하는 것이 아니었습니다. 부모의 자존감이 아이의 자존감을 생기게 하고, 행복의 시작점이 아이의 성적이 아니라 나 자신이라는 사실을 선생님의 편지는 지속적으로 실어 나르고 있었습니다.

그로부터 3년이 지나, 대학 입시 설명회에 다녀와 선생님께 이런 하소연을 했어요. "아, 한국말로 두 시간 반을 강단에서 서서 얘기하는 선생님 말을 알아들을 수가 없었어요. 앞뒤 양옆을 둘러보니 고개를 끄덕이고 하이라이트로 줄을 그어 가며 듣는 학부모들뿐, 저처럼 헤매고 있는 사람은 없더라고요. 가군, 나군, 다군, 수시, 정시, 논술고사, 면접……. 엄마가 이렇게 뭘 몰라서 아이가 갈 수 있는 길을 놓치게 되면 어떡하죠?" 저의 횡설수설 끝에 선생님은 이렇게 상황을 정리해 주셨어요. "엄마의 정보력이 아니라 아이 자신이 공부해서 받는 점수, 그 점수로 가는 거예요."

여러 가지 이유로 대한민국 공교육만을 의지해 온 학부모로서, 그해 선생님과의 만남을 통해 흔들리지 않고 아이가 진로를 스스로 찾아갈 것을 믿고 응원하는 엄마의 자리를 지킬 수 있었다고 생각합니다.

그리고 그 결과, 수지는 자신이 원하는 삶이 어떤 방향인지를 고민하고, 그래서 어떤 공부를 하고 싶고, 그 공부를 하기 위해서는 어느 학교에 진학하는 것이 좋을지를 스스로 찾아갔습니다.

선생님의 편지가 앞으로도 더 많은 학부모에게 전달되고, 그 메시지가 공유되었으면 좋겠습니다. 저와 같은 학부모들을 깨우고, 격려해 주시기를 바랍니다. 답장도 오지 않는 편지를 일 년 동안 한 달도 빠짐없이 보내 주신 그 마음에 이제야 감사를 전합니다.

한 아이의 생물학적 부모에 머물지 않고 교실의 학부모, 나아가 사회의 학부모로 성장해 간 많은 부모를 기억한다. 학부모는 교사로 인해 교사와 함께 성장하는 교육 파트너가 될 수 있다는 사실을 잊지 말자.

학부모와 소통하는 담임 되기

1. 일 년 동안 학부모들과 소통하는 기회를 어떻게, 얼마나 만들고 있나요?

2. 학부모에게 쓰는 학기 초 담임 편지에 꼭 담으면 좋을 내용은 무엇인가요?

3. 학부모에게 쓰는 학기 말 담임 편지에 꼭 담으면 좋을 내용은 무엇인가요?

3

학부모와 교감하는 학급 행사

학부모의 마음을 움직이는 학급 행사

학부모가 진정한 교육 파트너가 되기를 바란다면, 그들을 학교나 교사에 대해 불평을 일삼는 존재로 지레 규정하지 말고 그들의 마음에 공감하려고 노력해야 한다. "학급 행사는 담임교사와 학생들이 하는 것이지 학부모와 무슨 상관이 있느냐."라고 물을지 모르겠지만 꼭 그런 것은 아니다. 아이들에게 부모의 존재를 떠올리게 하는 학급 행사는 수없이 많다. 또 학급 행사에서 뛰놀고 성장하는 아이들의 모습을 학부모와 공유하면 이보다 더 좋은 공감과 신뢰를 얻는 방법은 없다.

교사와 학부모는 아이와 더불어 이인삼각의 한 해를 보내고 있다는 사실을 기억하자. 학부모의 알 권리와 부모 교육을 위한 교사의 노력이 만나면 뜻밖에도 멋진 일이 발생한다. 이제 학부모의 마음을 움직이는 학급 행사들을 만나 보자.

1) 어버이날 착한 미션

어버이날 조회 시간에 아이들에게 날달걀을 한 개씩 나눠 주고 종례 시간까지 무사히 보호하라는 특명을 내렸더니, “이거 왜 해요?”, “이거 하면 뭐가 좋아요?” 등 질문이 쏟아진다. ‘묻지도 따지지도 말고 하루 동안 날달걀 품기’를 해 보라고 했다. 온종일(체육 시간도 물론) 날달걀을 몸 어딘가에 품고 다니는 동안 깨뜨릴까 봐 조마조마한 마음을 느끼게 하려던 것이다. 종례 시간, 날달걀을 온전히 지킨 아이들은 고작 일고여덟 명이었다. 아이들은 처음에는 아무것도 아닌 달걀일 뿐이었는데 깨질까 봐 아슬아슬한 마음으로 하루를 보내고 나니, 하루가 끝날 무렵에는 달걀에 알 수 없는 애착이 생겨나더라고 말했다.

아이들에게 왜 이런 과제를 내주었는지 설명했다.

“온종일 날달걀을 품고 다니느라 힘들었지? 품는 내내 조마조마했던 마음, 날달걀에 신경 쓰느라고 선생님들께 혼났던 일, 화장실까지 가지고 다니느라 불편했던 일, 점심시간과 쉬는 시간에도 맘대로 뛰놀지 못하고 챙겨야 하는 번거로움과 내 생활을 포기해야 하는 상황까지……. 14년간 너희를 키우신 부모님의 마음과 생활이 늘 그랬단다. 364일은 그 마음을 잊은 채 살았더라도 오늘 어버이날만큼은 '내가 부모님 안에서 세상에 나와 이렇게 커 버린 존재'임을 잊지 않기!"

아이들은 그제야 고개를 끄덕였다. 그 순간을 놓치지 않고, 지금의 마음을 담아 부모님께 손편지를 쓰게 했다. 앞서 어떤 학부모를 울게 했던 손편지는 이렇게 탄생했다.

'달걀 품기'는 경험이 없는 교사들이 도전하기에는 만만치 않다. 그래서 누구라도 할 수 있을 만큼 쉬운 어버이날 행사를 소개한다. 어버이날 종례 시간에 오른쪽과 같은 미션을 주는 것이다.

'어버이날 착한 미션'을 수행하는 아이들을 상상해 보자. 그리고 그 모든 것을 누리는 부모님이나 조부모님들의 표정을 떠올려 보자. 사춘기라고 유세하며 입을 꾹 다물고만 있던 아이들이 손수 만들어 차린 음식에 마음이 녹지 않을 부모가 어디 있겠는가?

어버이날 착한 미션 수행 인증샷

■ 어버이날 미션지

예쁜 ○반 착한 Mission

학번 (　　) 이름 (　　)

얘들아, 미션 수행은 엄마, 아빠, 할머니, 할아버지 중 한 분을 지정할 수 있단다. 그 분들 모두에게 미션을 행하면 샘의 사랑을 더 많이 받는다는 거 알지?

오늘의 미션

1. 5분간 어깨 주물러 드리기
2. 사랑한다고 말하고 꼭 안아 드리기
3. 맛있는 음식 차려 드리기

※ 담임샘에게 인증샷 전송

• 소감(미션 수행 시 부모님의 반응 / 수행 후 나의 기분 등)

(　　)의 (엄마, 아빠) 성함 (　　)

사춘기라고 유세하며 집에 오면 입 꾹 다물고 말 없는 자녀들을 보면서 걱정스럽고 때론 상처받는 날들도 있으시지요? 부모라는 이름, 때론 무겁고 참 힘겹습니다. 오늘 하루, 우리 아들딸들의 작은 효도를 잘 받으셨나요? 그 소감을 부담 없이 편한 마음으로 보내 주세요.

• 부모님 소감문

"처음에 사랑한다고 말하면서 안아 드리자 낯설어하셨고, 나도 많이 낯설었다. 다음에는 미션이 아닌 마음으로 하고 싶다."

"어버이날마다 제대로 해 드린 것이 딱히 없어서 오늘 이날이 너무너무 뜻깊었다. 이렇게라도 효도를 하게 해 주신 선생님께 너무너무 감사했다. 처음에 내가 미션 수행이란 것을 말하지 않고 미션을 했더니 엄마의 눈이 동그랗게 커졌다."

아이들의 소감문에는 천진함과 부모님에 대한 미안함이, 학부모들의 소감문에는 이 순간을 선물한 담임교사를 향한 고마움이 묻어났다. 이렇듯 작은 아이디어 하나로 가족 관계가 변화하고, 교사를 바라보는 가족의 마음가짐이 달라질 수 있다.

2) '미래의 내 아이 이름 짓기' 이벤트

2부에서 소개한 온라인 이벤트를 기억하는가? 글쓰기를 통해 아이들이 서로의 생각을 들여다보면서 자존감과 제 삶에 대한 책무감을 키웠으면 하는 마음에서 시작했다고 앞서 말했다.

세상이 붉게 물드는 가을 무렵, 아이들에게 '미래의 내 아이 이름'을 지어 보자고 공모했더니 응모작들이 쏟아졌다. 우수작과 담임의 심사평은 오른쪽과 같다.

학생들이 지은 '미래의 내 아이 이름'을 담임 편지에 첨부해서 가정으로 보내는 날 오후, 편지보다 앞서 학부모들에게 "오늘 밤 미래 손주들의 이름을 미리 감상하세요."라고 문자메시지를 보낸다. 영문을 모르던 학부모들은 담임 편지를 받고서야 알아차렸다. 감동했다

■ '미래의 내 아이 이름 짓기' 이벤트 심사평

9월 이벤트(미래의 내 아이 이름 짓기) 당선자 발표 및 심사평

9월 이벤트 '미래의 내 아이 이름 짓기'에는 모두 17명이 참여해서 진지하게 혹은 재치 있게 작명하는 모습을 보여 주었다. 17편의 응모작 중에서 이민주의 작품을 최우수작으로, 김한솔, 이한결의 작품을 우수작으로 정한다. 세 사람에게 축하의 말을 전한다. 비단 세 사람뿐만 아니라 아이 이름을 지은 너희 모두 많은 바람과 애정을 그 이름에 담았으리라. 부디 그 마음을 오래도록 기억하기를 바란다. 마지막으로 비록 당선작에 선정되지는 못했지만 손창섭과 권기민의 아이 이름이 기억에 남았음을 지면을 빌어 밝힌다. 한편 구명회의 작명은 재치 만점이었다.

민주는 아들의 이름을 '이 소(昭: 밝을 소)**,' '이 수**(殊: 뛰어날 수)**', 딸의 이름을 '이 서**(曙: 새벽 서)**', '이 원**(圓: 둥글 원)**'이라 짓겠다고 했다.**

네 아이의 이름을 모두 합하면 소수서원이 된다. 개인적으로 존경하는 이황 선생의 발자취가 남아 있는 곳의 이름이라서 아이들의 이름을 그리 지었으며, 모이면 이렇게 좋은 뜻이 되고 흩어져도 이쁜 이름이 되는 것 같다고 그는 말했다. 이름자의 어감이 좋음은 물론 자식의 삶에 대한 아빠의 바람이 아주 잘 담겨 있다. 그러나 민주의 작명을 최우수작으로 선정한 더 큰 이유는 그 이름의 자녀들에게 부끄럽지 않도록 열심히 살겠다는 그의 다짐 때문이었다. 이번 달 이벤트를 왜 자녀 이름 짓기로 했는가에 대한 샘의 의도를 정확하게 읽었기 때문이다. 우리 민주는 좋은 아빠가 될 소양을 충분히 갖춰 나가리란 믿음이 든다.

한솔이 아이의 이름은 '김봄해'와 '김가을하늘'이 될 것이다.

사람들에게 봄의 햇빛 같은 존재가 되라는, 그리고 한번 바라보고 매료되면 목이 아프도록 쳐다보고, 보면서 생각을 하게 만드는 가을 하늘 같은 존재가 되라는 엄마의 깊은 뜻이 아주 잘 담긴 이름이었다. 한솔이의 아이들은 엄마의 바람대로 햇살과 가을 하늘 같은 사람으로 살 것이다.

한결이 아이는 '이빛가람', '이빛나래'라는 이름을 얻었다.

아들은 물고기와 돌들을 담고 있는 큰 강처럼 주변의 많은 것을 수용하고 챙기며 사는 큰 그릇의 사람이 되기를 바란다 했고, 딸은 자신이 먼저 성공하거나 무언가를 이루어서, 혼자서는 그럴 수가 없는 이들을 위해 두 날개가 되어 살아갈 것을 기원한다고 했다.

거나 선생님을 사랑한다는 학부모의 답신이 빗발친다. 미래 손주들의 이름을 받아 들고 감동하지 않을 부모가 어디 있겠는가?

3) 독거노인 돕기 김장

봉사 활동은 '더불어 사는 세상'을 위한 고민의 시작이며 작은 실천이다. 언뜻 생각하면 누군가를 위해 시간과 노력을 들이는 일인 것 같지만, 그 활동을 통해 봉사자는 내면의 성장을 경험한다. 그러므로 봉사 활동은 '어떻게 살 것인가?'라는 고민이 바야흐로 시작되는 사춘기에 더욱 필요한 일이다.

그러나 중학교 3년이 끝나 가도록 학생들의 봉사 활동이란, 고작 연간 봉사 활동 15시간을 채우기 위한 형식적인 활동으로 끝나 버리기 쉽다. 대부분 학생은 우체국의 편지 분류 작업이나 지하철역 캠페인을 하고 확인서를 받아 오는 일로 봉사 활동을 했다고 말한다. 그런 일들은 본질적인 의미의 봉사라고 보기 힘들며, 내적 성장을 돕는 일은 더욱 아니다.

그래서 우리 반은 졸업하기 전에 '봉사다운 봉사 활동'을 하기로 마음을 모았다. 늦가을, 독거노인 돕기 김장을 하고 배달하기로 했다. 진학 준비만으로도 바쁜데 왜 일을 사서 하는지 의아할 것이다. 아이들이 너무나 많은 것을 가지고 있음에도 감사하고 행복해할 줄 모르는 것은 심성 문제가 아니라, 이 사회에 어려운 이들이 얼마나 많은지 알 기회가 없기 때문이라고 생각한다. 외로움과 경제적 어려움, 체력적인 무력감의 삼중고를 겪으며 사는 어르신들에게 겨울을 날 양식을 마련해 드리고, 청소를 도와드리고, 말벗이 되어 드리는 일은 이웃 사랑의 실천인 동시에 아이들의 마음을 키우는 좋은 시간이 되리라고 믿었다. 더불어 김장 풍경을 접하기 힘든 요즘 아이들에게 모처럼 좋은 체험이 될 수도 있겠다 싶었다.

이러한 봉사 활동은 배려와 공감의 삶을 단지 학급만이 아니라 어려운 이웃으로까지 확장하면서 자기 삶에 감사하는 마음을 품게 하는 소중한 경험이 된다. 학부모들은 담임교사의 행사 취지에 공감하며 기꺼이 김장 비용을 보내 주었다. 이 같은 행사는 교사에 대한 학부모의 존경심과 믿음을 키우는 것은 물론 학생들을 성장시킨다.

축제 같은 김장 행사 풍경

학부모, 교사에게 희망이 되다

2014년은 이 땅의 교사들에게 무척이나 힘든 한 해였다. 교사로 사는 일이 이때보다 무겁게 다가온 적은 없었다. 세월호 참사를 겪으면서 제자를 잃은 교사들의 슬픔에 함께 울었고, 한편으로는 교사를 바라보는 지나치게 엄혹한 사회의 시선에 상처를 입었다. 나 역시 '내가 교사라는 직업을 얼마나 더 견뎌 낼 수 있을까?'라는 생각을 하던 때였다.

그러던 4월 어느 날, 난데없이 구름떡이 배달되었다. 옛 학부모에게서 온 것이었다. 늦은 밤, 그분이 보내온 문자메시지에는 이렇게 쓰여 있었다.

"세월호 사고로 선생님이라는 직업을 가진 사람들의 마음이 얼마나 더 힘들까, 비슷한 나이의 아이를 가진 우리 선생님은 얼마나 더 마음 아플까 하는 생각이 들었어요. 선생님! 제가 선생님 많이 사랑해요. 응원합니다. 힘내세요!"

1) 학급 행사를 선물하는 학부모들

학급 행사 안내문과 담임 편지를 통한 행사 후기를 줄곧 읽어 온 많은 학부모가 학급 행사를 돕고 싶다는 문의를 조심스레 해 온다. 앞서 학부모가 보내온 편지에서 하우스 콘서트를 학급 행사로 제안한 내용을 함께 살펴보았다. 그분은 자녀가 이미 대학 입시를 앞둔

청년이 되었지만 5년 뒤에 학급의 모든 아이를 초대해서 그 약속을 끝내 지켰다. 자녀의 옛 담임과 그 학급에 행사를 선물하는 학부모, 멋지지 않은가?

2) 옛 제자들과 떠난 히말라야 트레킹

2007년 마흔 살 겨울, 사십 대를 살아갈 힘을 얻겠다고 히말라야 트레킹을 떠났다. 당시 중2였던 학급 아이들은 천 원씩 용돈을 모아 너무도 촌스러운 등산 셔츠를 사 주며, 이 옷을 입고 살아 돌아오라는 말로 담임교사를 응원했다. 네팔로 떠나기 전날 밤, 아이들의 격려 문자메시지는 끊이지 않았다. 한 해의 끝에 선 아이들은 어느새 담임교사의 삶을 응원하고 지지하는 제법 멋진 녀석들로 커 있었다. 그러

학부모들 덕분에 이룬 히말라야 트레킹의 꿈

나 자신만만하게 떠난 내게 히말라야는 체력과 의지의 한계를 깨닫게 했다. 개학식 날, 모험담을 기대하며 눈을 반짝이는 아이들에게 제안했다.

"너희와 그 길을 다시 가고 싶어. 4년 뒤에 수능이 끝나고!"

2012년 12월, 약속은 현실이 되었다. 우리는 떠났고, 죽도록 같이 걸었고, 산장의 밤을 함께하며 생각을 나누었고, 술잔을 기울였다. 제자들과 헤어지고 5년 뒤의 히말라야 트레킹이 성사되도록 실무를 기꺼이 나서서 맡아 준 사람들도, 수석 교사가 된 뒤에 누구보다도 기뻐하며 온 학교에 축하 떡을 보내온 분들도 모두 옛 학부모들이었다. 그들은 이제 담임교사와 동고동락하며 교육의 길을 함께 찾고 동행하는 반려자가 되었다.

학부모와 함께 성장하는 담임 되기

1. 학부모가 함께 참여할 수 있는 학급 행사에는 어떤 것이 있을까요?

2. 선생님이 학부모에게, 학부모가 선생님에게 서로 힘이 되어 준 경험이 있나요?

3. 일 년 동안 선생님 학급의 학부모들과 함께 이루고 싶은 목표는 무엇인가요?

6부

담임의 길을 함께 걷다

지난봄 여행 중에 어떤 책에 인용된 철학자의 말을 읽다가 멈칫 놀랐다. 까마득한 시대를 산 철학자의 삶에 대한 통찰이 놀랍기도 했지만, 그의 말이 내게 "당신은 어떤 교사인가?"라고 묻고 있었기 때문이다. 기원전 1세기경 로마의 철학자 세네카가 한 말이다.

"출항하고 사나운 폭풍을 만나 불어오는 바람에 같은 자리를 빙빙 표류했다면, 그 선원은 긴 항해를 한 것이 아니라 오랫동안 수면 위에 떠 있던 것뿐이다. 그렇기에 노년의 백발과 주름만 보고 그가 오랜 인생을 살았다고 단정할 수는 없다. 백발의 노인은 인생을 오래 산 것이 아니라 다만 오래 생존한 것일지 모른다."

허튼 데로 눈 돌리지 말고 교사답게 늙어 가야겠다는 생각을 한다. 그러나 교사답게 나이 든다는 것은 단지 교직 경력의 문제가 아니라고 세네카는 지적한다. 그의 문장을 나의 목소리로 읽어 본다.

'노년의 무성한 백발과 깊은 주름을 보고 그가 오랜 교사의 삶을 살았다고 단정할 수는 없는 일이다. 그 백발의 교사는 오랜 교사의 삶을 산 것이 아니라 다만 학교에서 오래 견딘 것일지도 모른다.'

교직에 들어선 이후 교사로서의 성장과 배움을 스스로 기획하고 관리하는 교사를 찾아보기란 매우 어렵다. 많은 교사가 교직에 무사히 진입했다는 안도감과 함께 성장을 멈춘다. 임용 고시라는 어마어마한 장벽을 넘느라 에너지를 전부 소진한 탓에 그토록 바라던 교직에 마침내 들어선 순간, 이미 지치고 배움에서 멀어져 있다. 아이러니한 일이 아닐 수 없다.

게다가 교육청 역시 선발에만 관심을 둘 뿐 교직에 들어선 이후의 교사가 성장하도록 지원하고 독려하는 비전이나 시스템을 갖추고 있지 않기는 매한가지이다. 이러한 현실을 개선하지 않는다면, 교사들은 세상의 변화에 가장 느리게 반응하는 집단이 될 수밖에 없다.

6부에서는 학급경영의 철학과 구체적 방법을 나누며 함께 성장하는 교사들의 이야기를 통해 '교사'라는 직업의 희망을 들여다본다.

• 필자들은 '교직 경력'과 '교육 경력'을 다른 개념으로 사용한다. 교사라는 직업으로 살아온 시간이 '교직 경력'이라면, 교사라는 직업의 아름다운 소임을 자각하고 성장하기 위해 노력하며 살아온 시간을 '교육 경력'이라고 명명한다.

1

왜 교사 학습 공동체인가?

교사라는 직업의 안전성?

전문직의 사전적 정의는 다음과 같다.

전문직專門職, Profession

전문화된 교육과정을 거쳐 고도의 지적 작업을 성취해 내며, 타 직업과 구분되는 그 직업만의 고유의 지식과 기술이 있는 직업.

교직은 전문직일까? 자존심이 상하지만 교직이 전문직이라고 당당하게 말하지는 못하겠다. 교직은 단지 진입 장벽이 높은 직업일 뿐이다. 임용 고시에 합격한 기쁨에 취해 주변의 축하를 받으며 정신없이 살던 2월 어느 날, 교사로 사는 데 필요한 아무런 준비도 하지 못한 채 우리는 담임교사가 되고 수업을 배정받는다. 임용 고시 준비의 전문가일지는 몰라도 담임교사나 수업 전문성 역량은 제로에 가까운 채로 말이다.

다음은 어느 기사에 실린 내용이다. 이 내용은 무엇을 이야기하고 있는 것일까?

① 쉽게 알기 어려우나 업무 규칙이 명확하다.

② 학벌이나 자격증으로 보호받는다.

③ 책상에 앉아 일을 배울 수 있다.

④ 의외성과 복잡성이 없어서 일이 편하다.

⑤ 배운 내용이나 규칙이 평생 거의 변함없다.

이 다섯 가지 내용은 바로 '인공지능에 의해 대체될 직업의 특성'이다. 인간의 노동력을 인공지능과 로봇으로 대체할 가능성이 큰 직업으로는 대체로 단순하고 반복적이거나 데이터를 기반으로 하는 일이 꼽힌다. 그런데 문제는 위에 열거된 각 특성이 우리 교사에게 결코 낯설지 않다는 것이다.

자, 다음 세 가지 항목을 읽고 현재 자기 모습에 해당하는 칸에 표시를 해 보자.

현재의 나는?					
1. 나는 새로운 것을 배우기를 즐기는 사람이며, 더 나은 삶을 위해 늘 고민한다.	5	4	3	2	1
2. 나는 현재 나의 성장을 위해 자발적으로 참여하는 교사 동아리나 모임이 있다.	5	4	3	2	1
3. 나는 혼자서 일하기보다 다른 사람과 의견을 나누고 협업하는 편이다.	5	4	3	2	1
매우 그렇다 5 / 그렇다 4 / 보통이다 3 / 아니다 2 / 전혀 아니다 1					

이제 교사인 당신에게 묻고 싶다. '교사'라는 직업은 인공지능의 위협에서 과연 안전한가? 지금 당신의 삶이 위에서 말하는 특성과 거리가 멀다면, 당신은 교사로 살아도 좋을 것이며 교사라는 직업은 안전하다.

배움과 나눔의 학교

학급경영은 정서적·기술적인 고도의 전문성이 필요한 배움의 영역임에도 담임교사로서 고유한 지식과 기술을 습득하기 위한 노력은 늘 업무 뒷전으로 밀려나고 만다. 그래서 담임교사를 계속 맡다 보면 학생 관리 기술은 늘어도 담임교사로서의 전문성을 얻기는 어렵다. 담임교사들은 저마다의 섬에서 저마다 어려움을 겪고, 저마다 지쳐 가며 상처를 입을 뿐이다. 교사는 가르치는 일이 평생의 업이기에 끝

없는 배움은 교직의 본질과 관련된 책무이다. 따라서 교사이려면 평생을 학습자로 살아야 한다. 그러면 교사인 우리는 스스로 학습자로서 자신의 성장을 기획하고, 관리하고 있는가?

교육학자 조용환은 교직의 불완전성을 다음과 같이 지적한 바 있다.

"베테랑 교사에게 부과되는 것과 동일한 규모와 성격의 일을 처음부터 혼자 책임을 지고 해내지 않으면 안 되는 직업은 교직 말고는 그다지 찾아볼 수 없다."

교사 학습 공동체의 필요성에 대한 뼈아픈 답이다. 학교는 초임 교사에게나 경력 교사에게나 같은 일을 요구한다. 교사가 학교 교육 활동에 대한 전문성을 갖추고 자존감을 가질 수 있도록 지원하는 체계적인 교사 교육 시스템은 없다. 그러므로 교사 상처는 교육 경력을 불문한다.

지난봄 어떤 공부 모임에서 연수하고 온 다음 날, 연수에 참여했던 한 교사가 메일을 보냈다.

안녕하세요? ○○중학교 교사 ○○○입니다. 덕분에 '교사라는 직업'에 한발 다가갔습니다. '배움을 즐기며 협업하는 교사'가 되자는 말씀에 동의하며 감사하다는 말씀을 꼭 드리고 싶어 짧은 글을 올립니다. 지난겨울 30시간의 복직 교사 연수를 들으며 학교가 달라져야 한다고 느꼈는데, 오늘 연수로 제가 달라져야 한다는 것을 깨달았습니다. 나의 학급에서 어떻게 풀어 가야 할지 고민하게 되었습니다. 고맙습니다.

이 편지가 보여 주듯이 배움을 즐기며 협업할 때 교사라는 직업의 고유한 아름다움에 한 발짝 더 다가갈 수 있다. 예를 들어 학급 자료를 혼자 만들고 혼자만 활용하기보다 동료 교사와 나누어 쓸 때 그 효과는 배가된다. 공유 문화는 자료를 효율적으로 활용할 수 있다는 점뿐만 아니라 공동체 문화의 회복이라는 관점에서 볼 때도 매우 뜻깊다.

전문성을 갖춘 담임 되기

1. 교사라는 직업의 위기를 느낀 경험이 있나요? 만약 그 일이 다시 일어난다면 그때와 지금의 대처는 어떻게 다를까요?

2. 교직에 필요한 전문성을 갖추는 데 어떤 노력을 했나요?

3. 동료 선생님과 함께 학급 자료를 공유하고 이를 활용한 경험이 있나요?

2

더불어 배우는 기쁨, 함께하는 학급경영

다양한 교사 공동체가 살아 숨 쉬는 학교

오늘날 학교 공동체는 무너졌다. 학생만이 아니라 교사의 공동체 문화도 사라지고 있다. 교원능력개발평가를 비롯해 학교가 모든 것을 계량적인 방법으로 인지하는 경향이 짙어질수록 교사 개인의 성장에 관심을 기울일 가능성은 희박해진다. 그 속에서 자율성이나 공동체 감수성을 기대하기 힘든 것은 당연하다.

인수중학교에서는 이러한 문제의식에 공감하는 교사 몇몇이 교사 학습 동아리를 만드는 데에 뜻을 모았다. 하나둘 소박한 모임을 만들기 시작한 지 어언 4년, 이젠 무지개처럼 다양한 교사 동아리가 움직이는 학교가 되었다. 1~2년 차 병아리 교사 모임인 '자람'부터 교사 기타 동아리, 자유학기 융합수업 연구회 '당나귀', 수업 성찰 동아리 '열다', 사계절을 걷는 '걷다'라는 모임까지 다양한 교사 공동체가 살아 숨 쉬고 있다.

교사라는 직업의 본질은 수업과 학급경영에서 나타난다. 수업과 담임의 전문성을 고민하고 역량을 키우는 교사 동아리가 필요한 이유이다. 내가 근무하는 학교의 특성상 더욱 필요한 일이기도 했다. 교통 등의 여건이 녹록지 않아 경력 교사가 지원하지 않다 보니, 초임 교사 즉 경력 5년 이내의 교사가 절반 이상인 학교였다.

십 대 아이들 몇백 명이 모인 공간에서는 늘 예측할 수 없는 사건이 일어난다. 그리고 사건을 수습하는 과정을 대하는 아이들과 학부모의 스펙트럼은 매우 다양하다. 이때 초임 교사 위주인 학교는 의지와 무관하게 아이들과 학부모에게 상처를 주고, 또 그들에게서 엄청난 상처를 입는다.

초임 교사는 다양한 상황에서 필요한 교육 기술이나 대처 능력을 배운 적도 없을뿐더러 교직 현장에서조차 배울 수 있는 선배나 시스템이 없기 때문이다. 교사 개개인이 최선을 다한다고 해서 해결할 수 있는 문제가 아니다.

지면의 한계와 목적에 따라 이 책에서는 인수중학교의 학급경영 교사 동아리 '맛있는 학급' 사례에 집중해 교사 공동체의 의미와 효과를 이야기한다.

하필 4시 반에 모이는 이유

'맛있는 학급'은 담임교사들이 모여 학급경영 철학과 구체적 아이디어는 물론, 실질적 자료와 맛있는 간식을 나누며 서로를 응원하는 목적의식적 모임이다. '공감'을 중요하게 생각하지만 단순한 친목 모임에 머무르지 않으려고 노력한다. 매월 둘째 주 월요일 오후 4시 반이 되면 교사들이 하나둘 어김없이 모여든다. 왜 하필 늦은 오후 4시 반에 모이는 걸까? 눈코 뜰 새 없이 바쁜 담임교사들이 근무시간 중에 시간을 맞추기가 어려워서이기도 하지만, 교사의 자기 성장을 위한 노력은 업무가 아니라 책무라는 것에 뜻을 같이하기 때문이다.

단위 학교에 연수를 나가 보면 그 학교의 교사 문화가 한눈에 보인다. 연수 시간이 지나도 빈자리가 많고, 제시간에 온 교사들조차 맨 뒷자리부터 앉아 개인 업무를 보고, 그러다가 오후 4시 반이 지나면 연수를 주최한 교감이나 연구 부장에게 업무 시간이 지나도록 연수하면 어쩌냐고 화내는 교사가 많은 학교에는 내 자녀를 절대 보내고 싶지 않다. 친구의 자녀들은 물론, 사돈의 팔촌까지도 그런 학교에는 보내지 말라고 뜯어말리고 싶은 게 솔직한 심정이다.

일분일초를 따지며 정시 퇴근에만 목숨 거는 태도나 성장을 거부하는 마음으로는 배움도 나눔도 제대로 이루기 어렵다. 업무 시간이 아니라는 이유로 교사의 공부를 손해로 여기는 계산법은 충격적이다. 교사라기보다는 어쩌다 보니 교직에 머무른 교직 종사자라면 모를까. 그런 교사들은 당연히 타인의 아픔에 귀 기울일 여유와 서로 나누는 자료에 감사할 마음을 가지기가 어렵다.

혼자가 아니라 더불어 걷기

학급경영 동아리를 시작한 지 4년째가 되자, 전년도 활동에 대한 평가와 회원들의 필요를 반영해서 새 학기를 시작하기 전에 새해 연간 계획을 짜는 지속 가능한 성장 시스템이 구축되었다. 다음은 '맛있는 학급'의 학기 초 회원 모집 안내문이다.

■ 학기 초 '맛있는 학급' 회원 모집 안내문

더불어 배우는 기쁨, 함께하는 학급경영

1. '맛있는 학급' 동아리는?

학급 자료를 혼자 만들고 혼자만 활용하기보다 동료들과 공유함으로써 효율적 자료 활용과 교사 공동체성을 지향하는 담임 성장 프로그램입니다. 매월 둘째 주 월요일, 외부 전문가와 수석 교사의 연수, 교내 동료 교사의 톡톡 튀는 학급경영 비법을 다양하게 만나 보실 수 있습니다.

2. '맛있는 학급' 동아리 연간 계획(안)

일시	내용	주제 및 강사
03.13.(화)	OT 수석 교사 연수	동아리 운영 취지 공유, 프로그램 신청 및 변경 학부모와의 건강한 관계 세우기. 학부모가 달라졌어요!
04.09.(월)	전문가 초청 강연	세상의 모든 사람이 머물다 가는 곳, 글로벌 인생학교 모티프원 (『여행자의 하룻밤』 저자, 파주 헤이리 촌장 이안수)
05.14.(월)	동료 교사 연수 (김지휘/강경은T)	누구나 만들 수 있지만 아무나 만들 수는 없는 학급 문집 초보 교사의 학급 문집 생생 도전기, 그리고 진화
06.11.(월)	학급경영 즉문즉설	"이럴 때 어떻게 해야 하나요?" 선배와 동료들의 경험 나누기
07.09.(월)	전문가 초청 강연	관찰로 가까워지는 소통의 시간, 10초 초상화(디자이너 장재민)
09.10.(월)	동료 교사 연수 (이철희/김보라T)	우리 반만의 공유된 기억 – 학급 행사가 제일 쉬웠어요!
10.08.(월)	동료 교사 연수 (주예진T)	스담스담 학급경영
11.12.(월)	전문가 초청 강연	내 마음 읽기, 나에게 주는 선물(플로리스트, 상원중 권기영)
12.10.(월)	맛있는 평가회	연간 활동 정리 및 평가, 연간 계획 수립

※ 월별 주제는 구성원의 요구 및 사정에 따라 다소 변경될 수 있음

3. 회원 특전

1) 학급경영의 고민과 실제적인 아이디어를 나누며 함께 성장하는 기쁨
2) 아프고 힘들 때 위안과 보살핌을 주는 따뜻한 동료를 얻는 행복

4. 유의 사항

1) 우리 동아리는 맛있는 간식을 무엇보다도 소중하게 생각합니다. 3월과 12월 연수는 수석 교사가 준비하고, 나머지 연수는 동료 교사를 접대하는 기쁨을 회원들에게 드립니다.
2) 본 연수에 강사로 참여하시는 선생님들껜 특별한 선물과 사랑을 드립니다.
3) 문의 사항은 2018 '맛있는 학급' 회장 ○○○ 선생님이나 수석 교사에게 언제든지 연락 주세요!

'맛있는 학급' 회원 가입 신청서 ※ 3.13.(화)까지 수석 교사에게 메신저로 회신

이름	'맛있는 학급'에 들어오는 이유

교사 공동체를 유지하는 힘

교사들이 '맛있는 학급'을 찾는 이유는 각양각색이다. 학생들에게 된통 당한 경험이 있는 신규 교사는 "아이들 혼내는 법을 배우고 싶다."라는 절박함으로 문을 두드리기도 했지만, 대개는 행복한 학급을 만드는 방법을 배우고 싶다며 가입한다. 어찌 되었건 이들 모두 '담임으로서의 성장'을 꿈꾸는 것임은 분명하다.

이○○: **좋은 기회를 놓치고 싶지 않아서요. 미래의 나를 위한 맛있는 투자!**

김○○: **선생님들의 진심 어린 고민이 담긴 경험을 같이 배우고, 성장하고, 나누고 싶어요.**

정○○: **담임으로서 학급경영이 막막할 때 선생님들께 도움을 많이 받아서 올해 담임을 새롭게 시작할 힘을 얻었습니다! 올해도 선생님들과 함께하면서 성장하고 싶어요!**

구○○: **무엇이 될지를 고민하기보다 어떻게 살지를 고민하라는 김수환 추기경님의 말씀처럼 좋은 담임교사가 되려는 것이 아닌, 아이들이 편안한 학급으로 꾸려 나가고 싶어 그 방법을 배우고자 '맛있는 학급'에 들어오게 되었습니다.** (쓰다 보니 깨달았는데, '좋은' 담임선생님이란 결국 아이들이 판단하는 것이고 제가 하겠다고 할 수 있는 것이 아니네요.) **아이들과 저 모두가 편안할 수 있는 학급이 되도록 많은 것을 배워 가고 싶습니다!**

천○○: 학생들에게 가장 중요한 영향을 미치는 요소 중 하나는 담임교사라고 생각합니다. 완벽할 수는 없지만 한 해 한 해 더 나은 교사가 되어 담임교사로서의 역량을 갖추고, '맛있는 학급'에서 열심히 활동하여 학급 학생들에게 긍정적인 영향을 주고 싶습니다!

이○○: 학급 운영에 대해 함께 고민하며 아이디어를 얻고, 서로에게 위로가 될 것 같아요.

강○○: '맛있는 학급'은 저의 안식처 같은 곳이죠. 맛있는 간식을 먹고 선생님들과 담임 팁을 공유하며 즐거운 시간을 보내고 싶어요!

한○○: '맛있는 학급'은 제게 있어 '학급경영'이란 큰 그림의 퍼즐 조각을 맞추는 일이에요.

그렇다면 이처럼 각기 다른 이유로 함께하는 교사들이 모여 오랜 시간 교사 공동체를 이끄는 힘은 어디에서 오는 걸까?

1) 자발적으로 선택하게 하기

인수중학교의 '맛있는 학급'은 한 해의 끝에 동아리 해단식을 열어 마무리하고, 연초에 매번 다시 회원 모집을 공지해 새롭게 가입하는 절차를 거친다. '한 번 회원이면 영원한 회원'이라는 표어는 원치 않는다. 또 단순히 가입 의사만 밝히는 것뿐만 아니라, 왜 '맛있는 학급'에 들어오는지 그 이유를 스스로 생각해야만 회원으로 활동할 수 있다.

'맛있는 학급'은 왜 가입 이유를 꼭 쓰게 할까? 가입 이유를 쓰는 것과 그렇지 않을 때의 차이는 무엇일까? 공동체를 유지하는 가장 큰 힘이자 이에 필요한 수고를 기꺼이 감당하게 하는 유일한 힘은 다름 아닌 '자발성'이다. 따라서 무엇보다 중요한 것은 스스로 필요성을 느끼고 가입하게 하는 일이다. 자발성이 없으면, 이 활동이 즐거운 배움이 아니라 단지 또 하나의 귀찮은 업무가 되어 버리기 때문이다.

2) 스스로 밥상 차리게 하기

2015 맛있는 학급경영 프로그램

월	주제	강사
3	학기 초에 꼭 알아야 할 학급경영 아이디어	수석 교사 장홍월
4	자율성이 살아 있는 교실	수석 교사 장홍월
5	학생과 학부모가 더불어 성장하는 교실	수석 교사 장홍월
6	향기로 만나는 나의 내면: 아로마테라피	아로마테라피스트 최영미
7	공동체 감수성이 살아 있는 교실 (2)	수석 교사 장홍월
9	놀이로 하는 집단 상담 ABC: 모형 상담	수석 교사 장홍월
10	스마트 기기를 활용한 학급경영 및 효과적인 생활지도	경기 이천중학교 수석 교사 김정식
11	컬러로 읽는 나의 성격 그리고 현재와 미래 읽기	컬러테라피스트 안진희
12	연간 프로그램 평가	우리 모두

2017 맛있는 학급경영 프로그램

월	주제	강사
3	수업과 학급경영의 효과성을 높이는 보이스 트레이닝	전문가 초청 강연 (한세대학교 오수향)
4	담샘이 알아 두면 좋은 교실 및 외부 활동 시 응급 상황 대처법(실습 포함)	동료 교사 연수 (이정아T)
5	학급 문집의 진화 학급 문집 초보 교사의 생생한 도전담	동료 교사 연수 (강경은T) / 옛 동료 연수(강보라T)
6	세상의 모든 가능성을 열어 두는 삶	전문가 초청 강연 (삼성미술관 리움 도슨트 / 선유고등학교 수석 교사)
7	레크리에이션의 모든 것, 학급 행사가 두렵지 않아요!	동료 교사 연수 (이철희T)
9	애니어그램을 통한 교사의 자기 이해 ※ MBTI로 변경 가능성 있음	전문가 초청 강연 (홍현석 강사)
10	스담스담 학급경영	동료 교사 연수 (주예진T)
11	집밥 같은 학급경영	동료 교사 연수 (최유진T)
12	연간 활동 정리 및 평가 2018 연간 계획 수립	맛있는 평가회

재미있는 현상은 두 해에 이루어진 프로그램에서 나타난다. 앞쪽의 두 프로그램을 꼼꼼히 비교하고, 두 가지 질문에 답해 보자.

① 두 해의 프로그램에 나타나는 가장 두드러진 차이는 무엇이라고 생각하는가?

② 어떤 프로그램에서 교사들이 더 재미를 느끼며 적극적인 참여를 보였을까?

2015년은 수석 교사인 나(장홍월 교사) 한 명이 가능한 한 모든 연수를 진행했다. 전국 교육연수원에서 학급경영 전문 강사로 10년 이상 연수를 진행해 왔고, 참여하는 교사들에게 가능한 한 부담을 주지 않겠다는 마음에서였다.

지금 생각해 보면 사람에 대한 이해가 부족한 방식이었다. 무엇보다 혼자 프로그램을 도맡아 진행하는 일은 죽을 만큼 힘들었다. '이건 아니구나.'라는 사실을 깨닫는 데는 그리 오래 걸리지 않았다. 해를 거듭하면서 점차 동료 교사 연수를 확대했고, 4년째인 2018년은 개강 모임을 제외하고 내가 맡은 연수를 없앴다.

놀랍게도 모든 것이 차려진 밥상에 와서 편하게 먹기보다 스스로 밥상을 차리는 프로그램이 훨씬 호응이 좋았다. 담임교사들은 이제나 한 사람에게 배우는 것이 아니라 서로에게 배우며 성장하고 있다. 어느 한 사람의 카리스마나 헌신으로 유지되는 모임은 위태로울 수밖에 없다. '맛있는 학급' 운영 사례에서 알 수 있듯이 학급 동아리이건 수업 동아리이건 교사 학습 공동체 운영의 성패를 가르는 것은 역할과 책임의 배분이다.

3) 매력적인 프로그램

매월 초, 인수중학교의 모든 교사는 교내 메신저로 '자율 연수 안내' 메시지를 받는다. 교사들은 프로그램 내용을 살펴보고 참여 여부를 결정한다. 동아리 회원이 아니어도 한 차례 연수에 참여할 수 있는데, 비용이 필요할 경우 자비 부담임을 사전에 공지한다.

모든 프로그램은 학기가 시작되기 전 사전 계획하여 3월 개학과 동시에 발표한다. 담임교사는 무엇보다 감정 노동이 매우 큰 점을 고려하여 학기에 한 번씩은 마음을 보듬고 치유하는 전문가 힐링 연수를 기획하는데, 특히 호응이 좋다.

'맛있는 6월', 현경샘 교실로의 초대

맛있는 간식으로 힐링하고 좋은 연수로 배부른 연수에 샘들을 초대합니다.
희망하시는 분은 6.8.(금)까지 메신저로 신청해 주세요.

6월 '맛있는 학급' 연수는
건강한 담임이란 무엇인지를 보여 주시는 강경은샘,
한 해가 다르게 무럭무럭 커 가는 판소리의 명인 김지휘샘,
아이들 속에서 뛰놀 때 가장 행복한 교사 이철희샘이 진행합니다.

1. **나눔 주제**
(1) 현경샘 교실 환경에 담긴 담임 철학(의도) 읽기
(2) 연수 1: 초보 교사의 무모한 학급 문집 도전기(김지휘T)
(3) 연수 2: 학급 문집 끝판왕의 학급 문집 진화의 역사(강경은T)
(4) 사례 나눔: 누구나 할 수 있지만 아무나 하지 못하는 학급 행사(이철희T)

2. **일시:** 6.11.(월) 4:20~5:20

3. **장소:** 수학교과실 309호

'10초 초상화' 클래스로의 초대

관찰과 소통, 관계의 시작이지요.
7월 '맛있는 학급' 연수는,
국내외 61,100여 명의 초상화를 작업한 '10초 초상화' 전문가에게 직접 배우고 실습해 보는 특별한 시간으로 진행합니다.
다른 이에 대한 관심과 관찰로, 얼굴 중 가장 큰 특징을 찾아내 누구나 쉽고 재미있게 초상화를 그리는 소통 클래스 참여를 희망하시는 분은 6.29.(금)까지 메신저로 신청해 주세요.
실습을 겸한 연수이므로 부득이 인원수를 제한(선착순)입니다.

1. **일시:** 7.16.(월) 16:00~17:40
2. **장소:** 국어교과실 405호
3. **주제:** 관찰로 가까워지는 소통의 시간 '10초 초상화'
4. **강사:** 장재민(시각디자이너, 10초 초상화 작가)

'맛있는 학급' 자율 연수 안내

4) 자기 시간과 공간, 비용 들이기

'맛있는 학급' 회원은 동아리 회장에게 2만 원가량의 연회비를 낸다. 연수 장소는 각 회원의 교실이며 회원들이 돌아가면서 초대하는 방식으로 진행한다. 간식은 학교 예산이 아니라 회원들이 낸 돈으로 구매하며, 그 준비도 특정한 사람 혼자 헌신하지 않는다. 돌아가면서 간식 메뉴와 세팅을 책임지도록 첫 모임에서 연간 계획을 짜서 진행한다.

누군가가 차려 놓은 밥상을 받으면 잠깐은 편할지 몰라도 과정의 의미를 공유할 수 없기 때문이다. 애정과 책임감은 그 일에 들인 고민과 시간, 비용에 비례하는 법이다.

연수를 시작하기 전에 그날의 교실 주인공인 회원이 교실 환경에 담은 담임교사의 의도와 철학을 짧게 이야기한다. 이렇게 여러 교실을 돌아다니며 관찰하다 보면 교사들은 자연스레 자기 교실에 무엇이 부족한지, 사소한 환경 하나도 교사의 철학에 따라 얼마나 달라지는지를 경험하게 된다. 교실 환경을 관리할 때 교육적이고, 목적의식적이고, 타당한 철학에 근거해야 한다는 사실을 동료 교사에게서 배우는 것이다.

또 다른 교사들을 자기 교실에 초대하려면 누구라도 학급 환경에 평소보다 좀 더 신경 쓰기 마련이다. 물론 부담감을 느끼기는 하겠지만, 이를 환경 미화와 청소를 할 기회로 삼을 수 있어서 좋다는 반응이 많다.

'맛있는 학급' 자율 연수의 순간들

학년 협의회 제대로 활용하기

학교 안에는 비록 의례적일지라도 다양한 협의회가 있다. 같은 학년 학생을 담당하는 담임교사들의 모임인 '학년 협의회'도 그중 하나이다. 학년 협의회는 다른 어느 협의체보다 아이들을 중심으로 이야기하기 좋은 공동체이며, 이 시간을 통해 한 학생을 전방위로 이해할 수 있다.

1) 학생에 대해 협력적으로 이해하기

교사 한 명의 힘으로 많은 학생의 개별적 문제와 어려움을 온전하게 돕기는 어렵다. 학년 협의회는 주변 교사들에게 협력을 구해 이를 해결하는 방법이다.

담임교사는 자기 학급 학생에 대해서 여러 면으로 많은 정보를 알고 있다. 따라서 모든 정보를 공유해서는 안 되지만, 교과 담당 교사들은 담임교사를 통해 학생의 문제 행동을 이해하는 데 도움받을 수 있다. 아울러 담임교사는 다른 교사와의 협의를 통해 새로운 시각으로 학생을 바라볼 기회를 얻는다.

2) 생활지도에 대한 임상 자료 축적하기

학년 협의회는 교사들이 만나는 다양한 학생의 사례를 공부할 수 있는 시간이다. 의사들이 한 환자를 치료하는 방법과 결과를 공유하여 다른 환자나 유사한 상황이 생겼을 때 대비하기 위한 기록을 축적하는 것과 같다. 해당 학교에서 일어난 학생들의 사례와 해결 방안을 찾은 경험은 다른 교사들에게도 매우 중요한 자료이다.

교사 한 명의 개인 차원에서 해결한 일로 끝내지 말고, 이를 학교 전체적으로 '해당 학생 또는 해당 학생과 유사한 상황에서 앞으로 어떻게 대응하고 해결할 것인가?'를 함께 나누고 경험을 쌓는 데 학년 협의회 시간을 활용해야 한다. 학년 협의회는 교사가 의지만 있다면 생활지도의 임상 자료를 모을 수 있는 최적의 시간이다.

3) 일관성 있는 생활지도의 터 다지기

학년 협의회는 각 학년의 전체적인 분위기를 협의하여 학생 지도를 할 수 있도록 하는 지속적인 협의 시간이다. 학급 활동은 담임교사와 학급 학생들 간의 긴밀한 관계를 바탕으로 구성되지만, 학교와 학년의 분위기를 무시하고 운영하기에는 어려운 측면이 있다. 학급 활동으로 진행하는 내용을 다른 담임교사와 공유하고 이해를 구하거나 함께 만들어 갈 수 있는 여지를 가지면 좋다.

특히 생활지도나 규칙 적용은 학생들이 다른 반 상황에 민감하게 반응하는 때가 많다. 학년 전체가 일률적으로 적용하는 규칙과 운영 방침을 세워 담임교사와 학생이 혼란을 겪지 않도록 협의해야 한다. 담임교사가 교육과정에 맞춰 어떤 가치와 의미로 학급을 운영할지 교사 개개인의 가치와 철학을 나누고, 서로 협의하며 방향을 맞추는 것이 학년 협의회의 역할이다.

4) 동료들의 배움터로 만들기

학년 협의회를 잘 활용하기만 하면 각 교사의 철학에 따른 다양한 학급경영 방법을 배우고 그 효과를 직접 볼 수 있다. 학급경영에서 가장 큰 가치를 두는 것은 '참여와 자발성'이다. 이는 학생들이 스스로 움직이는 학급을 만들도록 이런저런 활동을 하게 하려면, 담임교사도 학교나 교육청이 시키기 전에 스스로 계획하고 실천하는 모습을 보여야 함을 의미한다. 담임교사의 자발성과 역동성이 학생들의 자발성과 역동성을 끌어내기 때문이다. 담임교사가 재미를 느껴야 학생들도 신이 난다.

이때 학기 초가 매우 중요하다. 학기 초부터 연관된 활동이나 담임교사의 철학 나누기를 통해 학급 분위기를 만들어 내지 않으면, 학생들의 자발적인 참여를 온전히 끌어낼 수 없다. 물론 간혹 자발적인 학생들이 잘 이끄는 학급도 있다. 하지만 에너지가 없거나 지나치게 많아 잠시도 가만있지 못하는, 이를테면 울타리가 필요한 학생들이 있기에 담임교사의 역할은 중요하다. 마찬가지로 학년 협의회도 학기 초에 담임교사들 간의 철학 나누기를 통해 자발성과 참여의 공간으로 만들어야 한다.

교사는 지식보다 존재하는 모습으로 가르치는 사람이다. 담임교사는 매일매일 자기 삶을 통해 가르쳐야 하기 때문에 더욱 큰 어려움을 겪는다. 따라서 다양한 학급경영 방법과 자료가 넘쳐 나는 요즘, 자신에게 맞는 담임교사의 모습이 무엇인지부터 찾아야 한다. 담임교사인 자신이 즐겁게 실천할 만한 방법으로 학생들과 함께 성장하는 길을 끊임없이 고민해야 한다. 학년 협의회는 이러한 담임교사 역할을 선배 교사나 동료 교사의 태도와 자료로 익힐 수 있는 최고의 배움터이다.

혼자가 아니라 함께 배우기

1. 현재 학교에는 어떤 교사 공동체가 있나요? 선생님이 필요를 느끼는 공동체가 있다면 무엇일까요?

2. 만약 활동하는 교사 공동체가 있다면 앞으로 더 성장하기 위해 어떤 노력을 할 수 있을까요?

3. '맛있는 학급' 동아리 회원들의 가입 이유와 역할 분담을 다시 살펴보세요. 교사 학습 공동체의 성패를 좌우하는 결정적인 요소는 무엇일까요?

3

건강한 교직 문화를 위해 한 걸음

학교 문화를 공동체 문화로

누구나 한때는 좋은 교사가 되기를 꿈꾼다. 하지만 삶이 팍팍하고 힘든 아이들이 많은 지역일수록, 학습도 생활지도도 녹록하지 않은 학교에서 혼자 '교사다운 교사'로 서기란 못내 힘들다. 교사가 개인으로 서려고 할 때 교사를 둘러싼 힘든 여건은 대부분 절망의 이유나 게으름에 대한 변명이 되기 쉽다.

문제의식에 공감하는 교사가 하나둘씩 모여 학습 공동체를 만들면서, 학교 문화를 따뜻한 공동체 문화로 바꿔 가야만 한다. 집단 지성과 축적된 고민을 나눌 장場을 교사들 스스로 만들어야 한다. '교사에게 자기 성장을 위한 노력은 업무가 아니라 숙명이며 책무'라는 사실을 자각하는 교사들에 의해서 학교가 변화하고 교사라는 직업이 지켜진다.

교사 공동체의 회복

우리가 간과해서 안 될 것은 앞서 말했듯이 학생만이 아니라 교사의 공동체 문화도 사라지고 있다는 사실이다. 공동체 감수성이 있는 교실을 강조할 때 학생보다 교사 자신을 돌아보아야만 하는 이유이다. 교사는 교실 붕괴의 책임에서 결코 자유롭지 못하다. 수업이든 학급경영이든 동료 간에 조언이나 격려 또는 아이디어와 자료를 나누지 못하는 학교 현실에 책임을 느껴야 할 주체는 누구일까? 시스템 탓으로만 돌려서는 안 된다. 시스템은 구성원의 암묵적 동의로 존속하기 때문이다.

'교사'라는 직업이 사라진 미래를 상상하는 것은 별반 어렵지 않다. 오래전에 배운 낡은 지식을 지금도 마르고 닳도록 가르치고 있다면, 조만간 교사란 직업은 사라져야 마땅한 운명이다. 그러므로 '건강한 교직 문화를 어떻게 만들어 나갈 것인가?'에 대한 진지한 모색은 제도적 장치보다도 중요하다. 학교를 구성하는 요소 중에 가장 중요한 하나를 꼽으라고 한다면, 주저 없이 '교사'를 꼽겠다. 교육의 질은 그 어떤 제도 이전에 교사의 공동체성으로 좌우되기 때문이다.

공교육 위기론이 널리 퍼지고 학교교육에 대한 우려와 불신의 목소리가 날로 높아지는 사회적 분위기에서 교사의 입지는 초라하기 그지없다. 하지만 교육 악순환의 매듭을 푸는 일은 교사만이 할 수 있다. 습관처럼 내뱉는 한숨을 잠시 멈추고 학교를 가만히 들여다보자. 학교 안에는 여전히 희망이 있고, 그것을 발견할 줄 아는 교사만이 행복해진다.

공유를 넘어 착한 순환으로

방학 동안 『함께 읽기는 힘이 세다』라는 책을 동료 교사들과 함께 읽었다. '함께 읽기'가 만들어 내는 감동과 성장의 드라마는 제목의 힘을 넘어섰다. 학생들에게 '의미 있는 타인'이고자 고군분투하는 교사들의 앞뒤 없는 열망, 그것을 지속하게 하는 동료성을 담은 이야기에 읽는 내내 눈물이 났다. 이 책의 메시지를 한마디로 말하라면 "'지금 여기'에서 일어나는 일들에 대한 교육적 민감성 기르기"라고 하겠다. 공동체성과 민감성을 회복하는 일은 별개가 아니다. 교육의 이유이며 목적이다. 누군가에게 무엇을 탓하기 이전에 나부터 해야 할 일이다.

오랜 고민과 노력의 결과물을 선뜻 다른 이에게 건넨다는 것은 생각만큼 쉬운 일이 아니다. 이때 공유 자체가 무조건 미덕은 아니다. '무엇'을 '어떻게' 공유할지 고민해야 한다. 따라서 교육철학이나 교육관의 공유를 전제해야 한다. '사람'을 전혀 고려하지 않고 자료만 주고받는 일을 경계해야 한다. 공유의 전제는 교육철학의 상호 나눔이며, 그 목적은 교사 간의 성장이다.

겉보기에 아무리 좋은 자료라도 자기 빛깔에 맞게 변형하지 못하면 자료의 본래 의도대로 활용하기 힘들뿐더러 원작자에 대한 예의도 아니다. 따라서 자료를 사용할 때는 반드시 출처를 밝혀 원작자가 들인 노력과 고민에 존중을 표하고, 원작자의 동의 없이 유포하지 말아야 한다. 한발 더 나아가 받는 데 머물지 말고 새롭게 윤색한 자료를 원작자에게 다시 건넬 줄 아는 공유 문화가 정착할 때 교사 개개인의 성장은 물론 건강한 교직 문화를 이룰 수 있다.

인수중학교의 공유 문화는 이제 건강하게 정착했다. 때로는 자기 철학과 빛깔로 멋지게 변형시킨 자료가 만들어지고, 그것 역시 공유되는 착한 순환이 이루어지고 있다.

길 찾는 교사만이 희망이다

어느 날 점심 무렵 강 선생이 찾아왔다. '맛있는 학급'의 동료 교사 연수를 이미 수차례 진행한 열혈 강사이자, 좌충우돌 고군분투하며 온몸으로 교직을 배우고 있는 행복한 교사이다. 수업 성찰 동아리 '열다', 학급경영 동아리 '맛있는 학급', 기타 동아리, 수업 여행 프로젝트 등 교내의 모든 교사 모임에 참여하는 열정과 에너지로 보는 이를 감탄케 하는 4년 차 국어 교사이기도 하다. 강 선생은 『신비한 302 사전』이라는 제목의 학급 문집을 들고 와 건넸다. 책의 맨 뒷장에는 이렇게 쓰여 있었다.

> **저에게 교사로서의 영감을 불어넣어 주는 선생님께 첫 담임의 생활이 묻어 있는 학급 문집을 드리고 싶었습니다. 늘 든든한 지원군으로 옆에 있어 줘서 고맙습니다.**
>
> **– 진정한 교사로서의 후배이고 싶은 강○○ 드림**

함께 행복한 교사의 길을 찾아가는 동료 교사

고단한 일과가 끝나는 월요일 오후, 퇴근 시간이 지나서야 시작하는 '맛있는 학급' 자율 연수에 자발적으로 모여드는 교사들을 보고 있노라면, 이들이 있는 한 교육이 쉬이 무너질 리 없다는 믿음이 생긴다. 바로 이런 교사들이 있기에 아직 희망을 말하고 싶다. 인수중학교의 '맛있는 학급'은 바야흐로 아름다운 순항 중이다.

지금은 교사가 된 옛 제자가 박노해의 시 「사람만이 희망이다」를 보내왔다. 읽다가 문득 '사람'이란 단어 위에 '교사'라고 써 본다. 강선생과 같은 교사를 보며 거듭 깨닫는다. 길 찾는 교사만이 희망이다.

성장하는 학급경영 함께하기

1. 선생님의 교육철학과 교육관을 동료 선생님과 공유한 경험이 있나요? 만약 있다면 서로 어떤 영향을 주고받았나요?

2. 건강한 교직 문화를 위해 '공동체 회복' 외에도 필요한 일이 있다면 무엇일까요?

3. 십 년 후 교사로서의 내 모습을 상상하며, 담임교사의 버킷 리스트를 작성해 보세요.

4

세상의 모든 신규 교사에게

신규 교사들의 첫해에 관한 이야기

지금부터 들려줄 소설은 모든 신규 교사의 첫해에 관한 이야기이다. 학습연구년에 '교직 사회화'라는 주제로, 온몸으로 교직 첫해를 헤쳐 가고 있는 세 명의 신규 교사와 질적 연구를 진행한 적이 있다. 신규 교사들이 경험하는 첫해의 분투를 고스란히 전달할 방법을 고민하다가 짧은 소설을 써 보기로 마음먹었다. 특정인의 이야기가 아니라 연구 의도와 상상력을 바탕으로 각색했다. 참여자들에게서 낱낱이 읽어 낸 실제를 상상력이 잇는다.

지금은 어엿한 8년 차 교사가 되어 살아가고 있을 세 명의 교사에 대한 격려와 고마움을, 그리고 세상의 모든 신규 교사를 향한 응원을 이 짧은 소설로 대신한다. 잊지 않았으면 좋겠다. '나는 너고, 너는 나•'임을.

짧은 소설, 나는 너고 너는 나다

오늘도 컴컴한 운동장을 가로질러 퇴근했다. 집에 들어서기가 무섭게 벨이 울린다. 엄마다. "우리 윤 선생 잘 지내시나?" 엄마는 늘 이렇게 나를 '우리 윤 선생'이라고 부른다. 교사가 된 딸에 대한 자랑스러움을 한껏 담아 부르는 엄마 목소리에 온종일 참았던 설움이 목까지 올라온다.

삼수 끝에 임용 고시에 합격한 게 뭐 그리 큰 자랑일까만, 엄마에게 행여라도 "그런 훌륭한 따님 둬서 얼마나 좋아?"라는 인사말이라도 잘못 건넸다가는 한도 끝도 없이 이어지는 '우리 윤 선생' 자랑을 듣게 되기 일쑤이다. 촌에서 선생 나는 일이 예삿일은 아닌 건지 지난겨울 마을 입구에 내걸린 플래카드가 아직도 걸려 있단다.

"마을 사람들이 잔치하라고 난리여. 마을 회관 앞에 뭐라고 써 붙은 줄 아냐?"

"아 참, 엄만 동네 창피하게 왜 그래?"

• 박지원, 「혹정필담」, 『열하일기』

"내가 그러라고 한 게 아니여. 마을 주민들이 경사라고 한거랑께. '용두리가 낳은 위대한 딸 윤민서, 임용 고시 합격!'. 난 말이다. 고 앞을 자꾸 지나다니고 잡다. 밥 안 묵어도 배가 불러뿐 어미 맘을 우리 윤 선생이 아실랑가? 흐흐."

처음에는 엄마의 유난스러운 딸 자랑이 싫지 않았다. 아니, 농사일에 집안일에 평생 고생만 한 엄마에게 제대로 된 효도 하나 한 것 같아 뿌듯했던 게 사실이다. 그런데 지금은, 아, 지금은 아니다. 엄마의 가락에 장단을 맞출 기분이 아니다.

"엄마, 지금 나 좀 피곤해. 5월에 꼭 갈게요. 어버이날, 응?"

"아, 피곤하믄 우리 윤 선생 쉬게 해 드려야제. 밥 꼭 챙겨 묵고, 알았제?"

교사가 되고 두 달 만에 거의 모든 인간관계가 끊어졌다. 임용 고시만 합격하면 '고생 끝, 행복 시작!'일 줄 알았는데, 합격 뒤로 미뤄 둔 것들을 보란 듯이 하며 행복할 줄 알았는데, 발령을 받은 이후 두 달 동안 영화 한 편 볼 틈이 나지 않았다. 매일 아침 7시에 출근하고 일주일에 4~5일을 밤 10시 이후에 퇴근했다. 수업 준비만도 빠듯한데, 담임 업무는 시도 때도 없이 쏟아진다. 한 번도 해 본 적이 없는 일들을 지시하면서 '내일 오전 중으로 제출!'. 이런 식이 한두 번이 아니다. 초과근무가 불가피했고, 그러고도 미처 끝내지 못한 일은 싸들고 퇴근했다. 처음이라 서툴러서 이런 거겠지 하며, 한두 주 지나면 나아지리라 생각했다.

그런데 그게 아니었다. 때로 담임 일이란 참 어이가 없다. 부모보다도 더 부모 같은 일을 하도록 요구받을 때면 기가 막히기도 하고 억울하기도 하다. 담임교사에게는 이따금 예측 불가능한 일투성이인 어떤 날이 기다린다. 오늘이 그랬다.

입학식 다음 날부터 연일 지각하는 연수에게 매일 아침 모닝콜을 해 주고 있다. 몸도 왜소한 데다 얼굴빛도 어둡고 매사에 의욕이 없는 아이여서 특별히 더 신경이 쓰인다. 3월 초에 상담하면서 '모닝콜'을 제안했더니 배시시 웃으며 고개를 끄덕였다. 그런데 연수가 결석했다. 오늘 아침도 분명 모닝콜을 했는데 어쩐 일이지 싶어 집으로 연락했다. 한참 만에 피곤에 절은 목소리로 전화를 받은 이는 연수 엄마였다.

"안녕하세요, 담임인데요, 연수가 아직 학교에 안 와서요."

"일 나갔다가 새벽에 와서 잘 몰라요. 연수 집에 없는데. 그럼 어디 있을까요? 학교에선 도대체 애가 어디 있는지도 모르고 뭐한데요?"

연수 엄마는 도리어 교사인 나에게 화를 냈다. 부모가 부모임을 잊은 이런 사람에게는 도대체 어떻게 해야 할지 모르겠다. 내가 어리다고 만만해서 그러나?

그 순간 연수가 얼굴에 땀이 송골송골해서 나타났다. 차비가 없어서 학교까지 걸어왔단다. 그 거리가 얼마라고 그걸 걸어오냐고, 엄마한테 차비를 달라고 해야지 왜 바보같이 걸어오냐고 나무랐더니 기어들어 가는 소리로 말한다.

"엄마 깨우면 안 돼요. 피곤한데 깨운다고 맞아요."

규원이가 수업 중에 사라졌다. 입이 좀 거칠고, 빵 사 먹는다고 무단 외출을 종종 하기는 해도 심성이 나쁘지는 않은 아이다. 잘 데리고 있다가 2학년에 올려 보내야겠다 싶어 가급적이면 눈감아 주며 생활지도부에 보내지 않고 다독다독하는 녀석인데 이런, 무면허로 오토바이를 운전하다가 경찰에게 잡혀 온 것이다. 경찰관은 담임부터 찾았다. 왠지 내가 죄지은 것만 같아 고개를 조아렸다.

"죄송합니다. 제가 책임지고 지도할 테니 단속 기록을 좀 지워 주시면 안 될까요?"

"아니, 학생이 대낮에 오토바이 타고, 그것도 무면허로 돌아다니게 하시면 어떡합니까? 애들은 학교에서 붙잡아야지, 경찰이 그렇게 한가한 사람들이 아니에요."

"죄송합니다. 다시는 이런 일 없도록 하겠습니다."

호통을 치며 돌아서는 경찰관에게 연신 고개를 숙이면서도 뭔가 억울하다. 겁을 집어먹은 듯 보였던 규원이는 눈이 마주치자 속없이 씩 웃는다. 그 천진한 얼굴에 기가 막히기도 하고 웃는 얼굴에 침은 못 뱉겠기에 빙긋이 웃었더니 녀석의 말이 가관이다.

"와~ 우리 샘, 정말 쿨하시다. 샘, 제가 대신 여봉• 3일 할게요."

• 학급의 자치 규칙을 어겼을 경우 학급을 위해 봉사하는 것으로 벌을 대신하며, '여러분을 위한 봉사'라는 의미로 '여봉'이라고 부른다.

이때 교감이 호출한다. 사건이 교감의 귀에 들어간 게다. 또 호통이 떨어지겠지.

'에이 씨, 내가 뭐 어쨌다고 왜 다들 나한테 난리야.'

학급 행사가 무산 위기에 처했다. 아이들과 처음으로 중간고사 끝나는 날 우리 반만의 단합 대회를 계획한 것인데, 교장의 반대는 예상 밖의 일이었다. 자치 회의에서 학급 행사 장소와 게임 및 도시락 등 모든 걸 아이들 스스로 정했기에 다들 시험 잘 보고 놀러 가자며 들떠 있었다. 가정에 안내문을 발송해서 회신서를 모아 두기까지 했는데, 결재할 때는 언제고 이제 와서 불허라니……. 교장은 앵무새처럼 같은 말만 반복했다. 그리고 나를 바라보며 철없는 교사라는 투로 말한다.

"사고라도 나면 누가 책임집니까?"

갓 발령받은 신규 교사에게 2박 3일 수학여행을 학급별로 계획해서 다녀오라는 무모한 지시를 의심 없이 하는 혁신 학교에서 동물원으로 가는 당일 학급 자율 행사를 안전을 이유로 허락할 수 없다고 할 줄은 아무도 몰랐다. 아이들 실망과 원망을 어찌 감당하나. 아이들과 뭐라도 해 보고 싶어서 용기를 냈던 초보 교사의 설렘도 잠시, 순간 '그냥 조용히 살 걸 괜히 학급 행사를 한다고 난리를 쳤다.' 싶은 후회가 인다. 이때 메신저에 메시지가 줄줄이 뜬다.

"고사 원안 제출 마감, 수학여행비 완납 독려, 자율 학습 결석생 특별 교육, 성장 쪽지 2회 이상 발급 학생 성장 반으로 집결……."

남자 친구의 전화가 끊어진 지 일주일째이다. 문자도, 카톡도 다 끊겼다. 3년을 만나면서 하루도 빠짐없이 이어지던 것들이 일시에 오프 버튼을 누른 것처럼 멈춰 버렸다. 임용 고시를 준비하는 세 해 동안 도서관과 노량진 입시 학원을 오가며 공부만 할 때도 투정 한 번 없이 곁에 있어 준 사람이다. 임용 고시 합격을 나보다 더 기뻐했던 사람이다. 한 번도 이런 적이 없는데 무슨 일이라도 있는 걸까 싶다가도, 쏟아지는 잡무와 수업 준비에 뛰어다니다 정신 차리고 보면 연락하기에 너무 늦은 밤이 되고는 했다. 그러고 보니 지난 두 달간 그는 계속 같은 사인을 보내고 있었다. 전조가 분명했는데 단지 내가 읽지 못했을 뿐임을 깨닫는다. 그가 했던 말들이 새삼 선명하게 떠오른다.

"민서 씨, 많이 바빠요? 왜 문자에 답이 없어요?", "이번 주말에 영화 볼래요?", "오늘도 퇴근이 늦어요? 감기 걸렸다면서? 약 사서 11시쯤에 집 앞으로 갈게요.", "나 오늘 회사에서 우울한 일이 좀 있는데, 술 한잔 사 줄래요?"

그가 아침에 보낸 문자를 퇴근 무렵에나 확인하고 답하기 예사였다. 늘 힘들고 바쁘고 아픈 것은 나였다. 너무도 바라던 교사가 되었는데, 그도 내가 교사의 꿈을 이루기를 간절히 바랐는데 어쩌다 이렇게 된 걸까? 그가 보낸 마지막 문자를 꺼내 본다.

"민서 씨, 좀 너무한 거 아냐? 세상 교사들이 다 민서 씨처럼 그렇게 바빠요?"

문득 외롭다. 눈물이 핑 돈다. 세상에 내 편이 하나도 없는 것만 같다. 이러려고 임용 고시를 본 게 아닌데……. 좋은 교사, 행복한 교사가 되고 싶었는데……. 잠이 오지 않는 새벽, 신규 교사 연수에서 학급경영 강의를 했던 선배 교사의 학급 카페에 들어가 본다. '사랑의 교실, 행복한 우리'라는 카페의 대문에는 세상을 다 얻은 것 같은 아이들과 담임의 함박웃음이 걸려 있다. 사진 아래에 쓰인 "내가 음악이라면 당신은 가사야."라는 글귀에 눈길이 머문다.

> 영화 〈포비든 킹덤〉. 아, 그런데 그 영화에서 난 평생을 잊지 못할 대사를 만났다. "사제지간이란 갈 길이 나뉘기 전까지 운명을 함께하는 사이다." 그래서 5월 학급 이벤트 공모 주제를 '사제지간에 대한 정의'로 정했다. 가슴 찡한 답변들이 꽤 올라온다 싶었는데 한솔이는 '사제지간'을 이렇게 정의했다.
>
> *Like a bed need some covers 침대가 이불이 필요하듯*
> *Baby we need each other 우리는 서로 필요해*
> *Like a comedian needs a joke 코미디언에게 농담이 필요하듯*
> *Baby I need you the most 나는 당신이 제일 필요해*
>
> *(중략)*
>
> *If I'm the music 내가 음악이라면*
> *You're my lyrics 당신은 가사야*
> *– 제이 홀리데이, 〈Be with me〉 중에서*
>
> *선생님과 제자의 관계로 재해석할 수 있지 않을까요? 서로에게 가장 필요한 존재 중 하나라고 생각합니다.*
>
> 영화에서 말했듯 아이들과 난 생(生)의 어떤 시기를 함께한 운명임을 잊지 말아야겠다. 내가 음악이라면 아이들은 내 삶을 그려 내는 가사이므로, 그 운명을 소중히 여기며 살리라.

연수의 끝에 선배 교사가 했던, 힘들 때나 기댈 곳이 필요할 때 여름 나무 같은 선배가 되어 주겠다던 말이 떠올랐다. 늦은 밤이지만 무례를 무릅쓰고 문자메시지를 보냈다. 너무도 고단한 하루였고, 그 하루의 끝에서 너무도 위안이 필요했으므로.

"선생님, 잘 지내시죠? 많이 외롭네요. 언제쯤이면 선생님처럼 교사라는 직업을 아름다운 소임이라 여기며, 제 삶의 사랑과 평화가 교실의 행복과 대립하지 않고 나란히 공존할 수 있는 날이 올까요?"

새벽에 눈을 뜨니 휴대폰에 두 통의 문자메시지가 반짝인다.

"나도 그랬어요. 혼자 짊어져야 한다고 생각했기 때문이죠. 경험과 자료와 지혜를 나누는 선배가 될게요. 윤 선생이 먼 훗날 후배 교사들에게 해 줄 일을 지금 제가 먼저 할 뿐이니까 미안해하지 말고 제게 기대세요."

"나는 너고, 너는 나다. 저는 연암의 이 말을 참 좋아합니다. 윤 선생, 잊지 마세요. 나도 과거엔 너였고, 너는 미래의 나일 것임을."

갑자기 우리 사이를 잇는 어떤 운명의 끈 같은 것이 있으리라는 생각이 인다. 그래요. 당신이 곧 나였고 내가 당신이 될 것이란 사실을 왜 몰랐을까요? 잊지 않을게요. '나는 너고, 너는 나'임을.

먼지와 푸른 종이의 경계에서

교사의 직업적 숙명은 자기보다 어린 존재들과 마주하며 사랑하기 힘든 순간조차도 무한한 사랑을 주어야 한다는 것이다. 교사란 직업의 아름다운 본질인 동시에 쓸쓸함의 원천이다. 내 직업이 평생 바위를 산 위로 밀어 올리는 형벌을 받은 시시포스 같다는 생각이 들 때마다 교사에게도 스승이 있었으면 하고 바랐다. 때때로 운명적인 만남은 우연히 찾아온다.

어떤 여행에서 나는 내 삶에서 지울 수 없는 스승 한 분을 만났다. 시나브로 소통법으로 학생들을 만나고 교직 생활 30년 동안 제자들의 생일날이면 오직 한 사람을 위한 '생일 시'를 써 주곤 했던 시대의 스승이자 시인인 안준철 선생이다.

선생께서 들려주신 이야기를 잊을 수 없다. 한구석에 팽개친 채 잊고 있던 책을 오랜 시간이 흐른 뒤 우연히 발견했다고 치자. 당신에게는 그 책이 어떤 색깔로 보일까? 아마 책 위로 뽀얗게 쌓인 먼지가 먼저 눈에 들어오리라. 하지만 먼지 아래 감춰진 푸른빛의 흔적을 희미하게나마 느끼는 교사도 있다. 이것이 단지 책이라면 먼지투성이로 보건 푸른빛으로 보건 상관없다. 그런데 만약에, 만약에 책이 아니라 학생이라면 어떨까?

학생을 먼지로 보는 교사와 푸른 종이로 보는 교사의 비유는 정신을 번쩍 들게 했다.

"학생을 푸른 종이로 보는 교사와 먼지로 보는 교사가 있다고 가정해 보자. 감정 노동을 하는 교사는 학생을 먼지로 보는 것이 자신에게 더 유리할까, 아니면 푸른 종이로 보는 것이 더 유리할까?"

학생을 먼지로 보는 교사는 큰 내상을 입을 일이 없다. 학급에서 일어나는 모든 일은 바로 먼지 같은 아이들 때문이라는 것을 의심하지 않기 때문이다. 대신 그는 먼지 속에서 살아야 하는 숙명에서 벗어날 도리가 없으며 먼지들의 보복에 일 년 내내 시달린 채 살 가능성이 크다.

그러나 푸른빛의 흔적을 감지한 교사라면 그는 필경 아이들에게 덧입혀졌던 먼지를 제거하려고 애쓸 것이다. 아이러니하게도 교사 상처가 치유될 여지는 교직에 심한 멀미를 겪을지도 모를 이 순간에 있다. 자기가 본래 푸른빛이었음을 까맣게 잊은 아이들은 교사의 노력을 알지 못한 채 그냥 떠나가기도 하지만, 이따금 숨겨져 있던 푸른빛이 조금씩 드러나는 과정을 목격하며 기쁨과 보람을 느끼는 순간을 마주하게 된다.

시시포스의 운명 같은 우리의 일, 그래서 우리는 종종 아이들의 빛깔을 잊는다. 그럼에도 기억하자.

"먼지투성이의 푸른 종이는 푸른색이다. 어떤 먼지도 그것의 색깔을 바꾸지 못한다.*"

지난봄 경기도 안성에 자리한 청룡사를 찾았을 때 고즈넉한 사찰에서 가장 눈길을 끈 것은 17세기 이전에 건립되었다는 대웅전이었다. 구불구불한 아름드리나무를 껍질만 벗긴 채 본래의 나뭇결 그대로 살려 낸 기둥이 남달랐다. 노자가 말한 "대교약졸大巧若拙(뛰어난 기교는 서툰 듯하다.)"의 전형적 건축미를 담고 있다고 했다. 청룡사의 구불구불한 기둥 앞에서 일행 중 한 사람이 던진 말에 그만 정신이 번쩍 들었다.

"모든 것은 다 쓰임새가 있지요. 누가, 그것을, 어디에, 쓰느냐의 문제이지요."

구불구불한 이 나무를 몹쓸 목재라 여기지 않고 결 그대로를 살리기로 마음먹었을 조선 시대의 한 목수를 떠올린다. 뒤떨어진다거나 무기력하다고 아이들을 탓할 게 아니라 그 목수와 같은 교사로 살 수밖에 다른 수가 없음을 우리는 알고 있다.

우리 아이들이 평생을 살아갈 마음의 근력을 키우고 더불어 살아가는 삶의 자세를 체득하기를 바랐던 초임 교사 시절의 나를 잊지 않으려 한다. 독자들 역시 그랬으면 좋겠다.

마지막으로 당부하자면 자신에 대한 긍정과 희망이 아이들에 대한 애틋함보다 더 중요하다는 사실을 기억하자.

그리 불안해하지 않아도 괜찮아

넌 머지않아 예쁜 꽃이 될 테니까••

• 기형도, 「먼지투성이의 푸른 종이」, 『잎 속의 검은 잎』, 문학과지성사, 2000

•• 박치성, 「봄이에게」, 『당신이 아름다워 나는 시를 쓴다』, 민들레북스, 2015